AS QUATRO INCOMENSURÁVEIS

B. Alan Wallace

AS QUATRO INCOMENSURÁVEIS
práticas para abrir o coração

© 2001 B. Alan Wallace
Todos os direitos desta edição são reservados:
© 2019 Editora Lúcida Letra

COORDENAÇÃO EDITORIAL: Vítor Barreto
TRADUÇÃO: Jeanne Pilli
REVISÃO: Heloísa Pupatto Fiuza de Andrade e Joice Costa
PROJETO GRÁFICO, CAPA E DIAGRAMAÇÃO: Aline Paiva

1ª edição 11/2019, 3ª tiragem 08/2021

Dados Internacionais de Catalogação na Publicação (CIP)

W187b   Wallace, B. Alan.
            As quatro incomensuráveis : práticas para abrir o coração / B. Alan Wallace ; [tradução: Jeanne Pilli]. – Teresópolis, RJ : Lúcida Letra, 2019.
            192 p. ; 23 cm.

            ISBN 978-85-66864-75-5
            ISBN 978-85-66864-76-2 (e-book)

            1. Budismo – Meditação. 2. Vida espiritual - Budismo. 4. Budismo – Tibet – Doutrinas. I. Pilli, Jeanne. II. Título.

            CDU 294.3
            CDD 294.3444

Índice para catálogo sistemático:
1. Budismo : Meditação   294.3
(Bibliotecária responsável: Sabrina Leal Araujo – CRB 8/10213)

Sumário

Prefácio ... 7

CAPÍTULO UM
Introdução ... 8

Por que praticar? ... 8
A fundação da ética ... 16
A afirmação da sabedoria intuitiva ... 20
Uma meditação sobre A Joia no Lótus:
OṂ MAṆI PADME HŪṂ ... 24
Perguntas e respostas: ética e continuidade da prática ... 26

CAPÍTULO DOIS
A prática de *shamatha* ... 30

Começando a meditar ... 32
Relaxamento, estabilidade e vivacidade ... 33
Perguntas e respostas: atenção plena à respiração ... 40
O domínio sobre a atenção: atenção plena e introspecção ... 46
Shamatha como catalisador de eventos mentais ... 51
Lidando com problemas na prática da *shamatha* ... 53

CAPÍTULO TRÊS
O caminho de *shamatha*: uma visão geral ... 59

Os nove estágios do caminho de *shamatha* ... 59
A realização de *shamatha* ... 66
Os pré-requisitos para atingir *shamatha* ... 70
Os cinco obscurecimentos no caminho de *shamatha* ... 75
Os cinco fatores de estabilização ... 79
A escolha de um objeto para a prática de *shamatha* ... 80
Perguntas e respostas: sobre atingir *shamatha* ... 83
Além de *shamatha* ... 87

Capítulo quatro
Bondade amorosa — 90

Meditação: bondade amoroso por si mesmo — 94
Ampliando a prática da bondade amorosa — 99
As vantagens de uma pessoa leiga na
prática da bondade amorosa — 101
Bondade amorosa pelos inimigos — 103
O problema da raiva justificada — 112
Paixão e paciência em resposta às fontes de sofrimento — 114
Encontrando uma qualidade que desperte o amor — 118
Confundindo apego com bondade amorosa — 120
Perguntas e respostas: inimigos e insight — 122
O Atingimento de *shamatha* em bondade amorosa — 127

Capítulo cinco
Compaixão — 133

Perguntas e respostas: catarse, lógica e compaixão — 139
Compaixão por uma pessoa em sofrimento: meditação — 142
Expandindo a meditação da compaixão — 144
Aspectos invasivos na prática da compaixão — 146
Meditação sobre Avalokiteśvara,
a corporificação da compaixão — 146

Capítulo seis
Alegria empática — 150

Alegrando-se com a Felicidade de Outros — 150
Regozijando-se na Virtude — 152

Capítulo sete
Equanimidade — 156

Equanimidade no budismo theravāda — 156
A equanimidade no budismo tibetano — 158
Perguntas e respostas: distinguindo apego de carinho — 169

Capítulo oito
O empoderamento do insight — 171

Do insight à experiência direta do absoluto — 178
Perguntas e respostas: a urgência e a
raridade do despertar espiritual — 187

Prefácio

Os ensinamentos apresentados neste livro tomaram forma durante um retiro de uma semana conduzido por Alan Wallace para um pequeno grupo de amigos no verão de 1992, nas montanhas de Sierra Nevada, acima da cidade de Lone Pine. Parte dos ensinamentos informais dados por Alan basearam-se em passagens do compêndio de Buddhaghosa, escrito no século V, chamado *The Path of Purification* (O Caminho da Purificação, sem tradução para o português), embora suas interpretações tenham sido claramente influenciadas por seu treinamento no budismo tibetano. As passagens em questão diziam respeito ao cultivo de shamatha (pronuncia-se "sha-ma-ta"), ou quiescência meditativa, como às vezes é conhecida, e às Quatro Incomensuráveis (*catvāryapramāṇi*): bondade amorosa, compaixão, alegria empática e equanimidade. Essas práticas, de shamatha e das Quatro Incomensuráveis, são muito diferentes, mas profundamente complementares: elas enriquecem, aprofundam e protegem umas às outras. Também estão incluídas meditações guiadas que Alan conduziu e partes das discussões do grupo, bastante animadas e abrangentes.

Capítulo um
Introdução

POR QUE PRATICAR?

A prática budista não começa com um salto de fé, mas com uma observação cuidadosa de nossa própria experiência. Entre as muitas facetas da experiência que podemos observar, o budismo presta especial atenção ao fenômeno do sofrimento: a primeira Nobre Verdade. É um bom ponto para se começar e, de fato, captura a nossa atenção. A maioria de nós concorda com a observação de que o sofrimento existe.

Uma questão muito produtiva é: por quê? O que nos torna propensos ao sofrimento? Se eu cair da bicicleta e raspar o joelho, a pergunta "por que estou sofrendo" é bastante trivial. Mas, se eu estiver sentado aqui em um dos lugares mais bonitos do planeta, saudável, bem alimentado e, ainda assim, me sentir infeliz, a questão se torna muito mais interessante. O que está acontecendo? Por que essa infelicidade haveria de surgir? Por que a mente sofre? A questão também se torna interessante quando a desarmonia e o conflito surgem nos relacionamentos com outras pessoas. O que causa o sofrimento do conflito interpessoal ou do conflito internacional? Por que não conseguimos simplesmente conviver bem? É outra maneira de perguntar sobre a segunda Nobre Verdade: qual é a fonte do sofrimento?

Embora haja uma miríade de condições que geram conflitos e sofrimento interno, muitos dos fatores externos não são realmente essenciais para o sofrimento que experienciamos. Não se trata de desvalorizar os fatores externos, mas os fatores internos são mais essenciais. E, embora muitos fatores externos estejam além do nosso controle, os fatores internos oferecem, felizmente, mais possibilidades de transmutação.

O que é essencial para esse sofrimento? O que invariavelmente está presente como fonte do sofrimento que experienciamos? Enquanto o Buda buscava resposta para essas questões, ele concluiu, a partir de sua própria experiência, que certas aflições fundamentais da mente são a fonte da angústia que sentimos, estejamos nós sozinhos ou nos relacionando com outras pessoas e com o meio ambiente. A mais fundamental dessas aflições é a delusão. Estamos ativamente interpretando mal a realidade, e isso atrapalha as coisas. Dessa má interpretação ativa da realidade surgem outras distorções da mente. A palavra sânscrita para aflição mental é *kleśa,* que tem ligação com a palavra kliṣṭa, que significa torcer ou ser deformada. Quando olhamos para o mundo pela janela da nossa mente, de alguma forma a janela fica deformada. O que vemos é a realidade, mas uma realidade distorcida, e respondemos a isso de uma maneira incorreta. A palavra tibetana para um ser altamente realizado ou proficiente (*drang srong*) significa correto, não distorcido.

O problema fundamental é a delusão. Como Jesus disse: "Pai, perdoa-lhes, porque não sabem o que fazem."[1] Ele tocou

---

[1] Lucas 23:34 Bíblia Sagrada. Nova versão Internacional. Minhas referências ao cristianismo durante este retiro certamente não significam que Jesus e Gautama estavam ensinando a mesma coisa. No entanto, sinto que muitas das meditações apresentadas neste livro podem ser praticadas de forma eficaz e com grande benefício por cristãos e outros não-budistas. Muitos dos ideais e métodos aqui são, acredito, universais em sua relevância e valor, e espero que eles possam enriquecer a vida dos aspirantes espirituais, independentemente de suas crenças religiosas.

Introdução

exatamente o botão correto: o problema crucial é não sabermos o que estamos fazendo. E, a partir dessa delusão, ocorrem outras distorções da mente: desejo egoísta, hostilidade, agressão e uma miríade de outras aflições derivadas.

É possível se livrar dessas fontes de sofrimento, ou elas são simplesmente parte integrante do ser humano? É possível livrar-se delas, não apenas reprimindo-as ou tirando férias, descansando delas, mas erradicando total e irrevogavelmente essas fontes internas de aflição? Essa é uma pergunta extraordinária, uma questão que o Buda perseguiu durante anos. E, a partir de sua própria experiência, ele chegou à conclusão: sim, é possível. E, assim, nos engajamos com as quatro Nobres Verdades: o sofrimento, a fonte do sofrimento, a liberação da fonte do sofrimento e, por fim, o caminho para essa liberação. Toda a história segue a partir daí.

Se o problema-raiz é a delusão, então o antídoto-raiz deve ser algo que enfrente diretamente a delusão. É improvável que o antídoto-raiz para a delusão seja a bondade amorosa. A bondade amorosa pode servir como antídoto para o ódio, para a indiferença ou para o autocentramento, mas o antídoto-raiz para a delusão é a realização do *insight*. Das duas asas da iluminação – compaixão e sabedoria – a sabedoria do insight é aquela que ataca a delusão de frente. É por isso que a prática budista coloca tanta ênfase no cultivo do insight (*vipaśyanā*).

A delusão assume variadas formas, mas a chave de todas elas é uma delusão relativa à nossa própria existência – quem somos nós. Uma hipótese interessante e que pode dar bons frutos (não um dogma no qual devemos acreditar) é a de que estamos falsamente nos construindo como algo que existe de forma independente, autônoma e separada do ambiente e de outros seres sencientes. Esse pequeno ego luta pela vida, buscando todas as coisas boas e afastando todas as coisas ruins. À medida que compramos essa falsa construção da realidade, implicitamente já nos vinculamos ao conflito. Se eu, o Alan independente e autônomo, me aproximo de outra pessoa, não sou como uma rocha estática, mas levo comigo muitos desejos relativos ao meu bem-estar e à satisfação da minha felicidade. E se a pessoa de quem me aproximo for programada de maneira semelhante, temos um conflito logo de início. Se estivermos falando de uma sala repleta de pessoas, o problema aumenta proporcionalmente.

Seríamos mais felizes sem essa delusão, e o insight é uma maneira de eliminá-la. Isso não acontece devido a uma fé em qualquer dogma ou sistema de crenças, mas é algo que podemos conhecer por meio da prática, sem qualquer sombra de dúvida. O insight é um modo de experiência que corta a delusão incompatível com essa experiência, e a prática budista meditativa mais avançada é o cultivo do insight. Que tipo de insight? A ênfase está em compreender a natureza do ego. Se não existimos de maneira isolada, autônoma e autossuficiente, então como existimos? E como isso pode se tornar mais do que simplesmente uma conclusão filosófica? Como isso se torna um insight?

Cultivamos o insight através de uma investigação detalhada da natureza de nosso próprio ser e de nossa própria experiência. A atenção plena aqui é essencial. Essa exploração leva a uma experiência vívida e direta dos fenômenos: dos nossos próprios estados mentais, sentimentos e desejos, da nossa percepção do corpo e do ambiente. Isso leva à compreensão de que esse "eu" ao qual nos agarramos há tanto tempo não existe. Não estou dizendo que nós não existimos – essa seria uma conclusão tola –, mas esse "eu", em particular, que sentimos como separado e autônomo simplesmente não existe. Esse pequeno ego não existe: esse que tenta estar no comando com muita dificuldade, esse que morre de medo e fica tentando soterrar as emoções. Essa sensação definitivamente existe e, de uma forma ainda mais intensa, quando nos sentimos egoístas ou arrogantes, mas isso não tem mais fundamento do que eu realmente acreditar que sou Napoleão e esperar que todos me reverenciem como tal. A noção de "eu" que temos de nós mesmos é igualmente deludida porque o referente não existe. A ideia é investigar com cuidado a nossa própria experiência, as nossas vontades, estados mentais, sentimentos, história passada, desejos futuros, todo o senso de quem somos – e checar, por nós mesmos, se existe algum referente substancial desse "eu". E, se descobrirmos que esse "eu" não existe, então onde nós estamos? Há uma história contada de Tsongkhapa, que viveu no Tibete, no século XV. Ele estava dando ensinamentos a um grupo de monges exatamente sobre essa compreensão da vacuidade do ego e, nesse grupo, um monge do distrito de Narthang ouvia atentamente. Às vezes, quando há uma conexão forte entre professor e aluno, é possível que o simples fato de ouvir as palavras do mestre seja poderosamente transformador. Tsongkhapa estava aprofundando esse ponto de que o "eu", tal qual sentimos, não existe, quando o monge, de repente, agarrou seu próprio colarinho como se tivesse sido atingido por uma descarga de eletricidade. Tsongkhapa, ao ver esse gesto, dirigiu-se ao homem em meio à multidão dizendo: "Ah, esse colega de Narthang acaba de estabelecer seu "eu" convencional com base em seu colarinho". Esse relato data do século XV, mas a história desse monge não se refere à história antiga e nem é muito excepcional. Não é incomum, quando se começa a meditar, surgir uma repentina sensação de desorientação que faz com que você agarre algo a que possa se apegar. Esse sujeito encontrou o próprio colarinho. Lembro-me de uma pessoa que estava meditando com muita dedicação e atenção, sob a orientação de um professor bastante realizado, e teve uma percepção muito profunda com uma mudança radical da experiência. Isso a assustou profundamente, e a experiência tornou-se algo que precisava ser reprimido. Já temos uma quantidade suficiente de traumas em nossas vidas para irmos em busca de experiências espirituais que depois precisaremos reprimir.

Quando você percebe que seu próprio "eu" é destituído de identidade – como experiência e não apenas como uma posição filosófica –, essa percepção pode ser recebida como o mais precioso de todos os tesouros, como algo profundamente transformador e incomparável. Ou, em vez disso, essa percepção pode representar a perda do maior de todos os tesouros. Meditar arduamente apenas para, ao final, sentir que perdeu o seu bem mais precioso – seu "eu" – parece não ser um tempo bem aproveitado. A diferença entre essas duas experiências é realmente uma bifurcação no caminho, como distinguir gato de lebre; e a diferença depende do contexto em que você tem esse insight. É necessário algum trabalho preparatório para assegurar que você possa acolher e abraçar um insight profundo quando ele ocorrer, de tal modo que ele enriqueça a sua vida em vez de trazer uma sensação de empobrecimento existencial. O que pode nos ajudar a avançar em direção à mais benéfica dessas duas direções é soltar gradualmente a fixação a essa noção de um "eu" autônomo e separado, não apenas intelectualmente, mas também em nossas vidas emocionais e nas escolhas que fazemos.

Isso também nos ajuda a desenvolver um senso de nós mesmos em relação aos outros. Eu sou filho de meus pais, eu sou um cônjuge, sou professor, sou aluno, estou em uma comunidade, estou inter-relacionado. A colcha de retalhos de quem somos deriva de muitas fontes: do que os outros nos disseram, de como as pessoas respondem a nós, de como nos relacionamos com a solidão. Nosso próprio senso de quem somos é, em si, um evento relacionado de forma dependente. É bem fácil entender intelectualmente que existimos em relação aos outros mas, à medida que conduzimos nossas vidas e seguimos nossas aspirações, nós, de fato, fazemos isso como se o nosso próprio bem-estar estivesse totalmente desvinculado de qualquer outra pessoa? Se assim for, então estamos vivendo uma fraude, e nossos corações não sabem o que as nossas mentes estão dizendo. À medida que começamos a viver com o sentido não só de que existimos em inter-relações, mas de que nosso bem-estar só existe em relação às outras pessoas, então *"meu bem-estar"* se torna simplesmente mera convenção. À medida que isso se torna real e não apenas uma afirmação, abranda-se a fixação ao ego autônomo e, à medida que levamos em conta o bem-estar dos outros, suas tristezas e alegrias, e o fato de que todo ser senciente deseja a felicidade, assim como nós – à medida que começamos a vivenciar isso, essa passa a ser a nossa realidade. Como William James disse, "nossa crença e atenção

Introdução

são o mesmo fato. A cada momento, aquilo a que prestamos atenção é a realidade..."[2] A realidade anterior dos "meus" desejos, "minhas" alegrias e tristezas, não evapora, mas torna-se parte de uma família maior e assume um contexto mais amplo.

Imagine-se de fato corporificando essa qualidade de atentar com zelo, de mente e coração, ao bem-estar dos outros, mesmo enquanto cuida do seu próprio bem-estar. Isto não é autonegação, mas sim autocontextualização. Imagine viver a vida como se já soubéssemos que existimos em inter-relação, com essa norma como uma plataforma, a partir da qual buscamos atingir a realização da ausência de um ego autônomo e controlador. A realização torna-se, assim, uma afirmação do nosso modo de vida. Tornam-se cada vez maiores as chances de que a realização implicará encontrar o maior dos tesouros e não perdê-lo.

Há um outro motivo para estabelecer uma base sólida. Ao praticar qualquer meditação destinada a produzir uma visão radicalmente transformadora, seja nas tradições budistas do Vipassanā, Zen ou tibetanas, é possível obter vislumbres tentadores que escorrem pelos nossos dedos. É como sentir um cheiro maravilhoso de algo que está sendo preparado na cozinha ao lado. Você tenta perceber melhor, mas dificilmente consegue antes que o vislumbre desapareça porque a mente não é estável o suficiente para penetrar esse insight e descansar nele. Mais uma vez, é necessário algum trabalho preparatório antes que possamos sustentar as nossas realizações, para que elas não sejam reduzidas a meros episódios que guardamos na memória. Muitas pessoas têm experiências extremamente valiosas, mas não conseguem acessá-las novamente. Um ano, dez anos, vinte anos se passam, e elas desaparecem. Isso ainda é melhor do que se nunca tivessem acontecido; mas, se eram realmente valiosas, seria muito melhor envolver-se nelas repetidamente, aprofundá-las e deixá-las saturar sua experiência.

---

[2] William James, "The Perception of Reality," in The Principles of Psychology (New York: Dover Publications, 1890/1950), p. 322.

AS QUATRO INCOMENSURÁVEIS

Se quisermos ter uma realização mais profunda e acessar novos modos de experiência, devemos estar bem equipados para fazê-lo com estabilidade e continuidade. Dessa maneira, existe uma possibilidade maior de que a realização permeie completamente a nossa experiência, as nossas crenças, as nossas emoções. Se pudermos permanecer nessa realização com continuidade e clareza, será algo radicalmente transformador. Caso contrário, será apenas um flerte.

Essa é a razão para cultivarmos a quietude e as Quatro Incomensuráveis. O cultivo da quiescência e das Quatro Incomensuráveis estabelece uma base para que a experiência do insight seja favorável, com um valor profundamente transformador. A prática exclusiva do insight poderia ser adequada se vivêssemos em completo isolamento do ambiente, mas isso não é verdade. Nós já estamos encarnados como participantes plenos da vida, com toda a sua tremenda diversidade e suas vicissitudes. É possível fazer um retiro de meditação com grande dedicação, seriedade e determinação; desenvolver algum grau de estabilidade e vivacidade; e, depois, a partir dessa experiência, envolver-se com as pessoas e novamente experienciar conflitos e hostilidade, destruindo tudo o que foi alcançado. Todo esse esforço se despedaça com uma única explosão de raiva, sem falar dos disparos sucessivos e repetidos de raiva, apego e ciúme.

Para o bem ou para o mal, a nossa prática espiritual ocorre dentro do contexto da nossa vida; e, para o bem ou para o mal, a nossa vida envolve muito mais do que a prática espiritual formal. Ela implica ter filhos, cônjuges, pais, empregos. A qualidade do nosso comportamento pode ser muito destrutiva, desfazendo qualquer progresso que tenhamos conseguido em nossa prática espiritual formal. O alicerce da nossa prática não está em nenhuma técnica de meditação; o alicerce é a nossa vida. A qualidade de como vivemos os nossos dias e até mesmo as nossas horas de sono precisa ser um terreno fértil; assim, quando começarmos a nos desenvolver e amadurecer em nossa prática, as raízes poderão se aprofundar, e o broto poderá chegar à fruição.

Introdução

A FUNDAÇÃO DA ÉTICA

Essa abordagem da prática budista é uma pirâmide de três níveis, sendo que o ápice é o insight. O segundo nível, que facilita o insight e o torna eficaz, é a prática da meditação, incluindo a quiescência e as Quatro Incomensuráveis. O primeiro nível, a base, é a disciplina ética: transformar nosso modo de vida em um terreno fértil para as outras práticas. Não precisamos ser santos perfeitos para progredir; seria paradoxal, obviamente. Mas existem algumas diretrizes que podem nos proteger.

É muito frustrante investir tempo em nossa prática e, ao final, vê-la despedaçada. Os tibetanos fazem piadas sobre isso há muito tempo, às vezes rindo de si mesmos e, às vezes, de nós. Eles encontraram muitos ocidentais seriamente interessados indo para a Índia, para o Nepal, ou para centros budistas dos Estados Unidos, esforçando-se com muita diligência em retiros de meditação. Os tibetanos dizem que é como se fossem tomar um banho, saíssem bem limpos e, depois, pulassem na poça de lodo mais próxima e mergulhassem nela. Em seguida, correm de volta para o chuveiro, fazem retiro, depois voltam para a poça de lodo, indo e voltando, repetidas vezes. Eles acham isso engraçado porque não funciona.

A prática espiritual, cujo propósito é eliminar o sofrimento e nos levar a vivenciar o potencial glorioso do espírito humano, é como o broto de uma pequena árvore. Quando ainda é muito pequeno, até mesmo um filhote de coelho pode arrancá-lo do chão. Fim da história. Uma futura árvore morta ao nascer. Então, você constrói uma cerca ao redor do broto para que os coelhos não consigam atingi-lo. Mais tarde, você talvez precise colocar cercas maiores para proteger a arvorezinha dos veados ou dos elefantes. Você constrói as cercas que forem necessárias para proteger algo terrivelmente vulnerável e extraordinariamente precioso – a sua felicidade. A disciplina ética é, na verdade, uma forma de nos proteger para que nossos esforços na prática espiritual possam florescer sem serem pisoteados a cada dois dias, ou a cada dois anos.

As orientações são bastante simples. Se quisermos assumir apenas um, em vez dos 253 preceitos que um monge assume, devemos evitar infligir sofrimento a nós mesmos ou a outras pessoas. Nós poderíamos parar por aí. Se formos imaginativos, conseguiremos extrapolar para todos os outros 252 a partir desse único. Há dez, no entanto, que são extremamente úteis de uma maneira geral. Os três primeiros dizem respeito ao corpo físico. Também há quatro para a fala porque usamos demais a fala. E, por fim, três se referem à mente. Precisamos ter em mente que todos eles são uma proteção para o nosso próprio bem-estar, sozinhos ou em comunidade.

1. Evite matar, o máximo possível. É fato que, se respiramos ou comemos, matamos. No mínimo, as bactérias estão sendo eliminadas. Sermos absolutamente puros é uma noção impossível, mas podemos ser mais puros do que impuros. Podemos infligir menos mortes ao invés de mais.

2. Evite a má conduta sexual. Isto se aplica especialmente ao adultério, mas, de maneira mais geral, ao uso do domínio sexual como uma área para infligir dano.

3. Evite tomar o que não lhe é dado.

4. Evite mentir. Essa é óbvia: evite de forma consciente e intencional enganar os outros, evite afastá-los da verdade.

5. Evite caluniar. A calúnia não tem nada a ver com as palavras serem verdadeiras ou falsas. Se a motivação for criar divisão entre pessoas ou provocar inimizade, isso é calúnia. Se for falso, é mentira também.

6. Evite maltratar. Isso não tem nada a ver com se estar dizendo a verdade ou mentir. O discurso pode ser completamente verdadeiro sem nenhum exagero e, ainda assim, ser totalmente abusivo. Tem a ver com motivação. Estamos usando nossas palavras como armas para ferir alguém? Se a motivação por trás das palavras for infligir dano, é maltrato.

Introdução

7. Evite falar inutilmente. Isso não se refere a conversas informais – como se devêssemos apenas falar coisas significativas –, mas à fala que é motivada pelo desejo, pela hostilidade ou por outras distorções mentais. A fala pode ser apenas inútil mas, gradualmente, também pode ser prejudicial. Professores tibetanos dizem que é a menos prejudicial das dez não-virtudes, mas é a maneira mais fácil de desperdiçar uma vida inteira.

8. Evite a maldade ou má vontade. É tão doloroso experienciar esse estado de espírito, que é incrível ver as pessoas se entregando a ele. É como ter uma cobra no seu colo ou comer excremento. Por que desejaríamos passar dois segundos assim se tivéssemos notado no primeiro? É terrível desejar que outro ser senciente seja prejudicado. Desejar que sofram é algo que nos fere.

9. Evite a avareza. Não se trata apenas de desejo; se estou com sede, desejo água e tudo bem. A avareza é o desejo de algo que pertence a outra pessoa, não querendo que ela tenha porque eu quero.

10. Por fim, evite as chamadas visões falsas. Isso não se refere a doutrinas, seja budista, cristã, hindu ou ateísta, mas a uma mentalidade que nega as verdades fundamentais. Por exemplo, uma visão falsa é a crença de que as nossas ações não têm consequências – que não importa realmente como nos comportamos porque as coisas são controladas pelo acaso ou pelo destino e, portanto, podemos apenas ficar andando por aí e nos divertir. Isso é totalmente falso, mas as pessoas acreditam nisso em diferentes graus. Elas acham que podemos agir ou falar de determinadas maneiras sem nenhuma repercussão. Utilizando a terminologia budista, seria uma negação da verdade do carma. Carma significa ação, e a lei do carma diz que as ações têm resultados. Negar isso é apenas uma visão, mas uma visão que pode modificar uma vida inteira.

AS QUATRO INCOMENSURÁVEIS

Esses dez preceitos são simples, mas podem ser seguidos, estabelecendo uma base sobre a qual o restante dessas práticas e transformações da experiência, às vezes poderosas, possam ocorrer. Sem essas coisas simples, é provável que estejamos apenas construindo castelos de areia.

É interessante notar que todas são restrições negativas: "Evite tal coisa". Não dizem seja bom ou diga a verdade. A abordagem negativa indica a qualidade de proteção. Temos algo muito precioso – nossa vida, nossa mente, nossa natureza búdica, nossos objetivos e aspirações – e queremos protegê-lo. Ao simplesmente evitarmos as dez ações não-virtuosas, criamos um espaço para que essa pequena planta cresça. Com esse tipo de proteção, um pouco de prática, um pouco de preocupação, ela cresce como uma sequoia que, depois de um tempo, não precisa de nenhuma proteção. Ele fornece proteção para outras criaturas. Desta forma, a disciplina ética é temporária enquanto requer esforço. À medida que nosso próprio potencial se manifesta, à medida que as qualidades virtuosas se tornam mais fortes, então, a disciplina desaparece porque a virtude de nossa própria mente está se autoprotegendo. Um ser iluminado pode ser completamente espontâneo em todos os momentos, sem nenhuma restrição.

Enquanto isso, se a maldade ou outras aflições surgirem – sarcasmo, desconfiança, egoísmo, mesquinhez – nós idealmente as restringimos (ao contrário de algumas correntes da psicologia que são ouvidas por aí). Às vezes, a mente é dominada por tais aflições: elas invadem e a mente assume esse tom. Śāntideva, famoso bodisatva indiano do século VIII, aconselha-nos a fazer uma pausa e não fazer nada quando notamos que nossas mentes estão dominadas por uma aflição[3]. Ele não disse reprima ou finja que não está lá. Apenas pause, esteja presente e espere até que passe. É como cair em delírio – não é hora de sair e comprar uma casa ou se casar. Escolha outro momento, mas não enquanto estiver delirando. Enquanto estiver delirando, fique

---

3 A Guide to the Bodisatva Way of Life, trad. Vesna A. Wallace & B. Alan Wallace (Ithaca: Snow Lion, 1997), V: 48-53.

Introdução

na cama e espere até ficar bem. A restrição de não agir naquele momento é um presente para todos.

A simples restrição estabelece uma base. Mas isso, por si só, não será suficiente. Restringir não significa erradicar. Apenas pausar não é erradicar o problema. É como nos colocar em quarentena quando ficamos doentes. A doença se espalha: se eu me sinto desconfortável e falo de maneira desagradável, é como uma doença contagiosa. Pode haver algumas pessoas que têm um forte sistema imunológico espiritual e elas apenas digam: "O Alan está sendo desagradável, espero que ele supere isso muito em breve". Outras pessoas podem não lidar com isso tão bem e, nesse caso, é contagiante. Eu não transmito a aflição literalmente a eles, mas forneço um catalisador que acende a chama. Porém, colocar um indivíduo ou um grupo de pessoas em quarentena não é curá-las. É um presente para todo mundo, e é um presente para aqueles que estão doentes porque, na verdade, eles não querem espalhá-la. Depois de ter aplicado a quarentena da ética, é necessário algo mais para a cura.

A AFIRMAÇÃO DA SABEDORIA INTUITIVA

Note que nossa abordagem até agora tem sido trabalhar com negação: temos um problema; podemos nos livrar dele? Podemos nos livrar da delusão, da instabilidade, do autocentramento, dos ferimentos e assim por diante? Podemos eliminar o sofrimento da nossa experiência? Você termina com uma ausência: a ausência do sofrimento. A vantagem de começar com essa abordagem, para pessoas que são muito críticas e céticas, é que você começa com algo que elas conhecem. Você provavelmente não tem dúvidas de ter sofrido e de ainda estar vulnerável ao sofrimento. Mas essa não é a única maneira possível de proceder. Nós temos intuição. Você pode sentir que algo tem uma boa qualidade e que realmente promete, sem poder afirmar saber do que se trata de fato. Neste caso, você começa com uma afirmação da intuição.

AS QUATRO INCOMENSURÁVEIS

Esse foco em se abrir para a sabedoria intuitiva que já existe é um modo diferente de prática budista, encontrado em outras tradições também. Nesse modo, apresentado nos ensinamentos Dzogchen e Mahamudra, a maturidade espiritual não é exatamente o resultado de investigar e se envolver ou de cultivar certas qualidades. Todo o insight, todo o amor, toda a compreensão de que precisamos já estão presentes na nossa natureza búdica, na natureza essencial da nossa própria consciência. Estão apenas obscurecidos. Não é preciso obtermos nada. Qualquer coisa que obtivermos será perdida na morte, de qualquer maneira e, portanto, não será muito significativa numa perspectiva mais ampla. Esse é um caminho afirmativo, não se concentrando em como se livrar de algo, mas em como trazer algo à luz. É uma afirmação de que a consciência é um dos ingredientes essenciais desse universo, de toda a existência, de toda a realidade. E a consciência de todo ser senciente tem um potencial ilimitado de compaixão, sabedoria e poder. Toda a vida e, mais explicitamente, toda a prática espiritual se destina a revelar esse potencial.

O Buda ofereceu uma metáfora para isso, na qual comparou seres sencientes, como nós, a átomos. Dentro de cada átomo há um buda. O Buda que está manifestamente presente tem apenas uma tarefa: pegar sua marreta vajra e abrir esses átomos, fazendo com que aquilo que estava latente se torne agora manifesto. O Buda é um abridor cósmico de átomos, e nós somos os átomos. Isso implica uma noção de descoberta em vez de cultivo, uma simples revelação em vez de um árduo esforço de desenvolvimento. Se o seu coração saltar ao ouvir essa afirmação, então esse pode ser um caminho a seguir. Se sua mente disser: "Bem, essa é uma hipótese interessante, mas me pergunto se ela é verdadeira", então você pode querer ficar no caminho da negação. Se você não questiona a verdade do sofrimento, o caminho da negação é uma abordagem útil. Mas, se o seu coração saltar para afirmar algo além do que você conhece, não o abandone.

A questão então passa a ser: como podemos desvelar esse potencial da mente e descobrir a sabedoria, a compaixão e o poder do espírito? O que impede a refulgência dessa natureza

Introdução

de Buda? Coisas como ferir pessoas, difamar, abusar, mentir, roubar e matar impedem que ela surja. Abandone essas ações e, dessa forma, a natureza búdica terá uma chance melhor de brilhar. O que mais a impede? Ter uma mente muito dispersa e embotada, uma mente que oscila entre agitação e torpor; ou uma mente que está presa na noção ridícula de que o próprio bem-estar é uma questão completamente individual para a qual o bem-estar de todos os outros seres é irrelevante. Isso é um grande obscurecimento, evidentemente não corresponde à verdade – seria bom se livrar disso. A noção de que o "eu" existe como um ego autônomo, separado e isolado dos outros, como um homúnculo, também obscurece a mente. Se pudermos nos livrar de tudo isso e permitir que a natureza búdica surja espontaneamente, esse caminho culminará no florescimento completo de nossas vidas e de nossas mentes, na completa manifestação da joia no lótus que esteve presente o tempo todo.

O que significaria ser um *buda*, uma pessoa espiritualmente desperta? (Um buda é uma natureza, não apenas um indivíduo histórico.) Dizem que quando a sabedoria da mente é completamente desvelada, você pode levantar uma questão, dedicar atenção a ela, e a verdade se torna evidente. A mente está desimpedida. Dizem que a compaixão de um buda por todos os seres sencientes é como a de uma mãe por seu único filho, por quem ela alegremente sacrificaria sua própria vida, se necessário. É uma compaixão sem discriminação, que não conhece limites. Pessoas boas não recebem mais do que pessoas desagradáveis; os animais não recebem menos do que os seres humanos. Ela se estende como um oceano – equânime, calma, acolhedora –, cuidando e se importando tão profundamente quanto o oceano. E é dito que a mente de um buda tem um poder extraordinário, um poder capaz de se envolver com o mundo físico para transformar a realidade.

Destes três aspectos – sabedoria, compaixão e poder – o poder da mente talvez tenha sido o mais obscurecido em nossa civilização. Por termos seguido uma inclinação materialista, realizamos proezas extraordinárias quando comparadas a qualquer outra civilização. Nós enviamos foguetes para a Lua, construímos represas enormes e fizemos buracos na camada de ozônio. Realizamos todos os tipos de coisas incríveis. Mas, ao enfatizarmos nosso poder material, talvez tenhamos (e, talvez, inevitavelmente) desenfatizado o poder da mente. Assumimos que uma afirmação do tipo: "... *se você tiver* uma fé tão pequena quanto uma semente de mostarda, você poderá *dizer a esta montanha: 'Mova-se daqui para lá' e ela se moverá. Nada será impossível para você*"[4] só pode ser uma metáfora ou uma completa tolice. Mas, quando Jesus disse isso, desconfio que ele falava literalmente do poder do espírito.

Existe uma perspectiva mais ampla. O fundamento da disciplina ética é tão simples em sua essência que, se cuidarmos dessa base, muito se tornará evidente sem a necessidade de mais informações. Mas, se ignorarmos a disciplina ética, a base ficará faltando. Mais uma vez, vale a pena notar que é mais uma questão de restrição do que de fazer o bem. Quando tentamos evitar coisas que causam danos, a bondade surge por si só. Nós precisamos apenas dar uma chance. Mesmo que evitar todas essas coisas possa parecer negativo, a mensagem implícita é muito otimista. Evite danos e a qualidade virtuosa interna começará a transbordar.

Em minha experiência, isso pode ser verificado em relação à quiescência. À medida que a mente se torna temporariamente livre de sua turbulência e de seu torpor, sendo capaz de encontrar alguma estabilidade com vivacidade, surge da mente uma sensação de calma e bem-estar. Isso é algo facilmente acessível, não é uma realização mística extraordinária. Quando você mesmo tem essa experiência, descobre que dispõe de recursos internos, e isso lança uma luz muito diferente sobre todos os seus outros desejos. Toda a lista de coisas que você gostaria de fazer com a sua vida – sua ocupação, onde você quer morar, as pessoas com as quais deseja se relacionar, atividades nas quais você quer se envolver – são vistas sob uma luz diferente. Não devem ser desvalorizadas ou abandonadas mas, se alguma delas desmoronar, você não

---

[4] Mateus 17:20. Bíblia Sagrada, Nova Versão Internacional.

assumirá que o seu próprio bem-estar irá desmoronar também. Você sabe, por si mesmo, que o bem-estar surge da única fonte da qual sempre surgiu, da mente calma. Surge uma sensação de liberdade de saber que o seu bem-estar não depende completamente de coisas que estão, sempre, fora do seu controle. Esse é um insight bastante útil. Fatores externos podem catalisar uma sensação de bem-estar, ou não. A única esperança verdadeira é a qualidade da mente que você traz consigo.

UMA MEDITAÇÃO SOBRE A JOIA NO LÓTUS: OṂ MAṆI PADME HŪṂ

A joia no lótus é uma metáfora maravilhosa para a natureza essencial da mente. Integra duas abordagens muito diferentes, reconhecendo que o esforço tem um importante papel para engajar-se com métodos, para o crescimento e desenvolvimento; e, ao mesmo tempo, reconhecendo que todos esses métodos são fundamentalmente projetados apenas para trazer à luz o que já existe, em toda a sua perfeição, em toda a sua completude. Esta é a fonte pura de bondade amorosa e de sabedoria que tentamos cultivar.

O mantra OṂ MAṆI PADME HŪṂ está associado a Avalokiteśvara, a corporificação da compaixão iluminada, e o mantra é a articulação verbal dessa mesma qualidade de compaixão. Entre as muitas interpretações desse mantra, aqui está uma que considero especialmente significativa. Oṃ significa o corpo, a fala e a mente manifestas. Maṇi, em sânscrito, significa "joia". Padme, pronunciado em tibetano, significa "no lótus". Hūṃ, pronunciado pelos tibetanos como hung, é uma sílaba que sugere uma natureza mais profunda, essencial e transcendente da consciência. Assim, o mantra começa a partir do estado manifesto do corpo, fala e mente; depois, através da metáfora da joia no lótus, passa para as profundezas da consciência.

Ao entoar o mantra, deixe sua imaginação entrar em ação. A metáfora do lótus é a de uma flor que brota do lodo, de uma lama escura e pegajosa. O talo se ergue através da água e, por fim, emerge à luz do sol, florescendo lindamente. Imagine que quando o lótus se abre, o centro da flor é uma joia. O lótus é o desdobramento de nossas vidas: a evolução de nosso próprio corpo, fala e mente; nosso amadurecimento espiritual, vida após vida; nosso desenvolvimento em direção à iluminação. Essa metáfora do crescimento e do movimento em direção ao despertar espiritual carrega consigo a nuance: "Esforce-se diligentemente!" Ela põe grande ênfase no método e na dedicação ao ouvir os ensinamentos: "Quais são os métodos apropriados? Como faço para lidar com as dificuldades? Como faço para superar os obstáculos?" Essa abordagem de desenvolvimento é direcional, um desenvolvimento em direção a algo.

Ao mesmo tempo, quando esse lótus se abre, a joia está bem no centro. Esteve lá o tempo todo, mesmo quando o lótus ainda era um botão fechado submerso no lodo. Essa joia é a natureza búdica. A joia não está se desenvolvendo: você não precisa adicionar nada a ela, e você não pode subtrair nada dela. Só precisa ser descoberta ou revelada para que você possa ver o que já está lá.

Enquanto você entoa o mantra, traga a poesia à prática e use as imagens da metáfora. Imagine essa joia da pureza e perfeição de sua própria natureza de buda. Imagine isso como uma pérola de luz branca emanando do seu coração e inundando todo o corpo. Não é apenas uma luz física como a de uma lâmpada acesa, mas uma luz que incorpora e expressa a purificação, a alegria e a compaixão. Imagine que essa luz vem de uma fonte inesgotável, permeando e transmutando todo o seu corpo. Seu corpo se torna a própria natureza dessa luz: não apenas sangue, órgãos, tecidos e ossos com alguma luz brilhando, mas um corpo transformado em um corpo de luz que emana do seu coração.

Quando o seu corpo estiver completamente preenchido, deixe a luz se espalhar em todas as direções. Use isso como uma oportunidade para trazer à mente lugares que você acha que realmente precisam de luz. Envie-a para lá e imagine essa luz trazendo as mesmas qualidades de purificação, alegria e compaixão para aqueles seres ou comunidades que dela tanto precisam.

PERGUNTAS E RESPOSTAS: ÉTICA E CONTINUIDADE DA PRÁTICA

PERGUNTA: Quando você mencionou a ética, você me pegou completamente de surpresa. Eu quero muito bloquear esse assunto e fingir que não tenho que ajustar a minha vida cotidiana. É aí que a porca torce o rabo, por assim dizer. Ou você muda o seu estilo de vida ou não. Minha compreensão de ética significa reduzir os estímulos sensoriais em uma cultura que é, de uma forma incrível, sensorialmente agressiva e rica. E me incomoda que os professores de meditação que encontrei até agora quase evitem reforçar muito a questão da ética para não assustar as pessoas. Mas daí eu vejo minha mente fazendo a mesma coisa. Então eu me pergunto se estamos acendendo uma luz sobre algo que tem que ser falado.

RESPOSTA: É um problema com o qual estou muito familiarizado. Há três ênfases principais na prática budista tradicional. A primeira inquestionavelmente é a ética. A segunda é estabilizar a mente, e a terceira é a prática do insight. Com demasiada frequência, o primeiro nem é mencionado. Passamos diretamente para o cultivo do insight e nunca nos importamos com essas coisas mais infantis.

PERGUNTA: Isso não está baseado na falsa visão de que somos independentes e de que, portanto, a ética realmente não conta?

RESPOSTA: Sim. É precisamente isso, uma visão falsa que despreza o fato de que estamos corporificados em um ambiente e que estamos interagindo com outras pessoas. Evitar a ética porque não vende bem é uma indulgência. Por que isso acontece? É só porque os professores de meditação estão tentando ganhar a vida e estão com medo de ser demitidos? Uma maneira mais generosa de olhar para isso é que fomos criados em uma cultura onde falar sobre ética é ser puritano. Ética significa abster-se de muitas coisas divertidas que você não deveria fazer. Todos nós já ouvimos falar dos Dez Mandamentos e, então, ouvimos que os budistas também deveriam se abster de dez não-virtudes.

Mas talvez exista uma maneira suficientemente hábil de apresentar isso para que as pessoas possam começar a experienciar alguns dos benefícios da prática. Considere um retiro de Vipassana de dez dias em que o professor não cita princípios éticos, mas apenas diz: "Aqui está a técnica, experimente." Muitas pessoas saem de um retiro de dez dias com suas vidas transformadas por insights reais, que abrem um amplo caminho de experiência que nunca nem mesmo imaginaram. Eles não foram marretados com aulas sobre ética ou pela disciplina de estabilizar a mente, mas saíram com algo de valor. Isso é precioso. Mas, quando você leva esses insights para casa, eles se tornam frágeis. Você assiste a meia-vida da sua prática de meditação à medida que ela decompõe após o retiro.

Isso levanta uma questão interessante, sendo que a resposta pode ser útil de uma maneira que uma dose dogmática de ética não é. Havia algo de valor e agora está se deteriorando. Quais são as causas da deterioração? É difícil ter muita percepção quando a mente está turbulenta. Seria interessante ter alguma estabilidade. Voltaremos ao insight, mas vamos estabilizar a mente primeiro e torná-la mais útil. Então, fazemos a prática de quiescência por um tempo. Se você fizer um bom retiro de shamatha de uma semana, possivelmente sentirá estabilidade mental, continuidade da atenção e um bem-estar calmo melhores do que jamais teve em toda a sua vida.

Mas, por que essa calma se deteriora depois do retiro? Talvez você tenha ficado realmente irritado certa manhã, gritando pela janela do carro com alguém que lhe deu uma fechada no trânsito. Quando chegou em casa, era impossível meditar. Você ficou lá com a sua mente descontente e dispersa. Teria sido útil não ter tido essa explosão. Talvez uma ligeira mudança no estilo de vida criasse um ambiente mais fértil para, quando você alcançar algum grau de estabilidade, sua mente não fique imediatamente desestabilizada assim que você retorna à sua vida cotidiana. Nada cria uma turbulência tão caótica na mente quanto a maldade.

Introdução

Isso nos traz de volta ao próprio fundamento da ética conforme se entende no budismo: tente não fazer mal a si mesmo e tente não ferir os outros. No mínimo, evite ferir. Isso não tem nada a ver com desligar a televisão ou se abster de prazeres sensoriais. Não há nada necessariamente prejudicial nisso. Empanturrar-se de sorvete pode não ser tão saudável assim, mas você não está causando mais nenhum dano. Se estiver, é algo muito sutil. Não é nada comparado a ficar furioso, ou insultar alguém violentamente. Dizem que um bodisatva está disposto a tolerar um pouco de indulgência sensorial, se necessário, mas não tem tolerância alguma se a hostilidade e agressão surgirem em sua mente. Se você quiser tirar férias, isso não é problema. Volte revigorado e retome a sua prática. Mas hostilidade e agressão não são férias; elas destroem a prática.

O não ferir implica alguma atenção na vida cotidiana, não apenas meia hora de meditação pela manhã. Requer uma introspecção contínua ao longo do dia. É muito fácil deixar escapar uma palavra que tem o efeito de um soco verbal. Se falas desonestas ou enganosas podem escapar tão rapidamente, imagine então pensamentos nocivos. Preste bastante atenção a eles. Quando você sentir o impulso, libere-o sem expressá-lo.

Outro aspecto disso envolve simplificar a vida. Isso implica uma reorientação bastante abrangente do estilo de vida, evitando gradualmente a indulgência sensorial. A maneira mais gentil de fazer isso, em oposição ao método severo e puritano, é experienciar outra fonte de felicidade. Shamatha pode fazer isso. A prática da bondade amorosa também pode proporcionar tamanha plenitude do coração que você chega ao ponto em que prefere passar mais tempo praticando do que assistir a um bom filme na televisão. A prática é realmente mais satisfatória, então, a escolha se torna fácil. Essa é uma maneira muito melhor de liberar a indulgência sensorial do que por pura determinação, que pode acabar virando autopunição. Fiz isso algumas vezes. Em meu primeiro retiro de shamatha, encontrei muitas maneiras erradas de praticar, sendo essa uma delas. Eu me privei de qualquer prazer, morando em uma cabana cheia de percevejos, pulgas e ratos, com uma dieta totalmente sem graça, sem encontrar ninguém. Por um tempo, não senti nenhum prazer em minha prática. Estava cravando as estacas da fundação com tanta intensidade, determinação e disciplina que não havia espaço para nem um pouquinho de felicidade.

Não houve muito benefício nesse ascetismo tão intenso. Teria sido muito mais útil criar algum espaço. Talvez ler um romance ou algumas barras de chocolate tivessem ajudado. Uma abordagem gentil funciona melhor. Não precisamos ser severos ou tirânicos. À medida que encontramos cada vez mais satisfação, uma sensação de bem-estar, uma sensação de quietude decorre da prática, dessa forma podemos começar a nos livrar das indulgências porque passamos a vê-las como fúteis. Nós não precisamos mais delas. Mas precisamos estar atentos ao momento. Estou pronto para liberar isso agora, ou sentirei como se fosse uma privação? Se for experimentado como privação, é provável que a liberação seja prematura. Mas, se a indulgência parece redundante ou inútil, provavelmente é o momento. E essa é a hora de largar.

PERGUNTA: Descobri que mesmo os preceitos que expressamos negativamente – "não faça isso, não faça aquilo" – e colocamos em ação dessa maneira, às vezes, nos dão uma sensação completamente positiva. Isso pode ser surpreendente. Eu me aproximei de algo pensando: vou negar tal coisa a mim mesmo porque é o melhor a longo prazo. Mas, quando realmente coloco isso em ação, o sentimento é incrivelmente positivo. É como se tivesse acabado de passar por uma janela, como uma sensação de estar livre de um vício.

RESPOSTA: Precisamente. É de fato a liberdade. Tudo isso é um caminho de liberdade e não apenas um caminho para a liberdade. Uma das primeiras coisas que acontece é que começamos a nos libertar do comportamento compulsivo que só nos traz dor.

Capítulo dois
A prática de *shamatha**

O que impede o florescimento da bondade amorosa, da compaixão e de outras qualidades que nos impulsionam no caminho espiritual? Não tenho uma resposta simples, mas algo que definitivamente tem a ver com essa questão é o sentimento de inadequação com o qual nos envolvemos com outras pessoas à medida que nos aventuramos na vida. Nós tendemos a nos envolver com o outro como quem precisa de algo: eu preciso de um emprego. Eu preciso de amor. Preciso de afirmação. Preciso de carinho. Preciso de respeito. Preciso de mais dinheiro. Preciso de mais posses. Preciso de mais felicidade. Esse é o reino das oito preocupações mundanas.[5] Não há nada de errado em precisar de algo, mas um sentimento de inadequação e incompletude

---

* N.E.: Nesta edição, grafamos Śamatha como shamatha, como já é publicado em outros livros do autor publicados no Brasil.

[5] Essas são as preocupações de obter bens materiais, prazeres derivados de estímulos, elogios e reconhecimento e as preocupações de evitar seus opostos.

não é propício para um coração de bondade amorosa. A mente que alcança as outras pessoas e o ambiente para buscar o que parece faltar é uma mente que ignora seus próprios recursos para a paz e a felicidade.

Quando a prática de shamatha é encaixada em um contexto apropriado, é possível reconhecer, por meio de algo tão simples como a respiração, que nas nossas próprias mentes há um caminho para a serenidade e para a paz. E, dessa paz mental, dessa sensação de tranquilidade e contentamento, estando simplesmente presente com algo tão francamente desinteressante quanto a respiração, surgem felicidade e satisfação. A satisfação vem de uma fonte muito simples: uma mente que não está sendo espancada até a morte por aflições, desejo, hostilidade e aversão. Nós normalmente não nos damos essa chance. Sendo dotados de consciência neste universo, somos como uma pessoa sentada em uma colina, em uma pequena cabana, que tenta ganhar a vida, sem saber que quinze centímetros abaixo do chão de terra de sua cabana há um tesouro, uma veia de ouro que se estende indefinidamente. Já está lá. Não temos motivos para nos sentirmos pobres. Nós temos todos os recursos de que precisamos.

Então, descubra isso. Não acredite apenas, mas descubra isso empiricamente. Podemos fazer brotar uma sensação de serenidade e de bem-estar apenas estando presentes. Saiba que isso está disponível. Isso não quer dizer que não queiramos ter um cônjuge, um emprego ou um carro. Mas conseguimos lançar uma luz diferente sobre tudo isso. É como pegar o planeta inteiro e fazê-lo girar ao contrário, em um eixo diferente. Nada cai do planeta, mas há uma grande acomodação quando reconhecemos, por nós mesmos, que trazemos enormes recursos para todas as situações da vida. Trazemos algo para oferecer e não apenas carência.

Shamatha é um terreno imensamente fértil para desenvolver isso. É muito útil para o cultivo da bondade amorosa e da compaixão e para aprender a "tocar o mundo com leveza". Não conseguimos imaginar a possibilidade de tocar o mundo com leveza sem ter reconhecido os nossos próprios recursos. Um exemplo é uma história verdadeira de um de meus professores que faleceu recentemente, o maravilhoso Lama, Tara Rinpoche. Ele era abade do Colégio Tântrico em Assam, no nordeste da Índia, onde alguns dos monges eram meditantes formidáveis. Um, em particular, havia deixado o monastério e morava em uma pequena cabana na selva, onde havia muitas cobras. Tara Rinpoche estava bem preocupado com seu aluno e, por isso, reuniu algumas mudas de uma planta conhecida por repelir cobras e disse-lhe para plantá-las no chão ao redor da cabana. O monge respondeu: "É muito gentil de sua parte, mas eu realmente não preciso delas. As cobras e eu estamos nos dando muito bem. Há uma vivendo debaixo da minha cama e uma atrás da porta." Ele sabia, é claro, que os humanos não são presas naturais das cobras, e a única coisa que elas sentem em relação a nós é medo. Mas esse homem não estava com medo e, por isso, não despertou a agressão das cobras. Nem as cobras despertaram agressão nele. Eles eram apenas vizinhos, e ele sentiu que não havia razão para espantá-las. Ele simplesmente cuidava onde pisava. Isso é tocar o mundo com leveza, literalmente.

A ideia central da prática de shamatha é tornar sua mente útil. Isso significa que seja qual for a maneira pela qual você deseje utilizar a mente, ela estará apta para realizar o propósito. Seja para ensinar, para meditar, para compor uma música – seja o que for que você precise fazer –, você agora tem uma mente que está realmente funcionando bem. Até que você tenha realizado shamatha, a mente é considerada "disfuncional". Essa mente disfuncional é pesada, inflexível, rígida, escura e propensa ao mau humor. Qualquer virtude que você deseje cultivar, a mente se recusa. A mente útil, ao contrário, é alegre, leve, estável e clara, e pronta para se dedicar ao cultivo de qualidades virtuosas.

COMEÇANDO A MEDITAR

Abandone as criações da imaginação e deixe a mente conceitual descansar. Traga sua atenção para o presente, sem escorregar para fantasias sobre o futuro ou lembranças do passado. Permita que sua consciência permaneça no momento presente, no seu corpo, testemunhando silenciosamente as sensações táteis em todo o corpo: a pressão de suas pernas, coxas e nádegas contra o chão; ao longo do tronco; na cabeça; a sensação de calor ou frio; qualquer sensação de formigamento ou vibração. Deixe sua consciência se estabelecer nesse campo de sensações táteis, descansando como um bebê em um berço.

Testemunhe passivamente as sensações associadas à inspiração durante todo o curso da inspiração. Em seguida, siga as sensações associadas à expiração durante todo o curso da expiração. Durante toda a prática, a respiração não deve ser controlada ou manipulada, com o cuidado de relaxar o abdômen, especialmente o baixo-ventre. Solte esses músculos para que você possa sentir a inspiração começando no baixo-ventre. Se for uma respiração superficial, você sentirá apenas a parte inferior do abdômen se expandir; uma respiração mais profunda se expande do baixo-ventre para cima e o diafragma também se expande; uma respiração ainda mais profunda se move do abdômen para o diafragma e para o peito. Mas deixe que comece no abdômen para que você não respire apenas no peito.

Encontre a área na região das narinas onde consegue perceber as sensações táteis durante a inspiração. Então, quando a mente estiver sintonizada com essas sensações, observe as sensações táteis que se seguem à inspiração e imediatamente antes da expiração. Em seguida, observe as sensações no mesmo ponto durante a expiração. Posicione a mente nessa região, como se colocasse um bebê em um berço. No início, você tem uma sensação de ritmo, a oscilação da inspiração, expiração, inspiração e expiração. Deixe a sua consciência descansar nesse lugar tranquilizador.

RELAXAMENTO, ESTABILIDADE E VIVACIDADE

Há três pontos de ênfase na prática de shamatha – relaxamento, estabilidade e vivacidade –, e é muito importante abordá-los nessa sequência.

A prática de shamatha

A primeira ênfase está em induzir uma sensação de relaxamento do corpo e da mente: um relaxamento da consciência. Esta não é uma concentração forçada, tensa ou dirigida, mas sim uma concentração que permita que a consciência descanse no campo das sensações táteis, no ritmo da inspiração e da expiração. Em razão de um profundo hábito e de muitos impulsos, é difícil para a mente permanecer em repouso por muito tempo. Sua atenção certamente se afastará, lançada à imaginação, à lembrança, a alguma linha discursiva de pensamento, algum desejo ou emoção. Se você descobrir que sua mente foi arrastada, veja se pode liberar o esforço que já está sendo exercido para levar a mente embora. Especialmente na expiração, tente liberar esse esforço, como se soltasse um suspiro de alívio. Deixe de lado todas as construções mentais e deixe a sua consciência, mais uma vez, descansar nas sensações táteis naturais e não construídas que surgem a cada momento.

Nas primeiras sessões, não se preocupe com a estabilidade, ou seja, com a continuidade da atenção. Não se preocupe com a clareza ou a vivacidade da atenção. Elas virão com o tempo; mas, para começar, basta ver se é possível reagir à agitação mental e à distração, não tentando contê-las, mas liberando o esforço que sustenta a agitação. Retorne e deixe a consciência descansar no ritmo suave da inspiração e expiração, sentindo as sensações táteis por todo o corpo.

Deixe sua respiração se dar sem esforço e sem manipulação: deixe o corpo respirar. Especialmente durante a expiração, aproveite a oportunidade para liberar o esforço que você está fazendo e que sustenta a distração e a divagação mental. Deixe essas construções mentais serem sopradas como folhas de outono por uma brisa leve, e continue relaxando e soltando cada vez mais no final da expiração. Continue assim no início da inspiração – não puxe o ar, relaxe na inspiração, testemunhe passivamente, como se o corpo estivesse "sendo respirado".

Nessa prática, pode surgir um problema – assim que você se concentra na sua respiração, parece que você não consegue evitar manipulá-la com esforço e intenção. Isso levanta uma questão muito interessante: podemos observar algo bem de perto sem um desejo quase irresistível de controlá-lo? Isso tem alguma relação com o nosso desejo de controlar outras áreas de nossas vidas? Este não é apenas um pequeno problema, mas um desafio que é, de fato, central nessa prática. A maneira para começar a resolver esse problema é relaxar mais na expiração. Você não precisa expulsar o ar. Você sabe perfeitamente bem que a expiração acontecerá sem a sua participação. Quando você expirar, desfrute. É tão bom não precisar fazer esforço nenhum. Até uma pessoa que está morrendo é capaz de expirar.

Então, logo após a expiração, apenas dissolva-se na inspiração. Veja se consegue manter a mesma sensação de liberação e relaxamento na inspiração. Pegue essa onda como um surfista, deslizando da expiração para a inspiração sem precisar nem mesmo remar. O ponto mais importante é quando o fluxo se inverte e a inspiração começa. Pode ser interessante notar muito claramente os momentos em que você se perde e puxa o ar e compará-los com os momentos em que a inspiração simplesmente flui. Compare um fracasso a um sucesso para que você saiba a diferença.

A postura é muito importante. Se a postura desmontar, comprimindo o diafragma, o abdômen não poderá se expandir com muita facilidade. Ele fica fechado como um acordeão e você tem pouco espaço no peito para respirar. Portanto, sem exagerar, sente-se de uma maneira que seu abdômen possa se expandir sem esforço e que você possa perceber essas sensações.

A postura supina, deitado de costas, também pode ser muito útil para essa prática. Há uma diferença entre essa posição e simplesmente deitar-se como se estivesse pronto para tirar uma soneca. O mais importante é que seu corpo esteja em uma linha reta. Você pode conferir juntando os calcanhares e levantando a cabeça para olhar para baixo e alinhar visualmente o ponto entre os calcanhares, o umbigo, o esterno e o nariz. Deixe seus pés caírem para os lados. Se o espaço permitir, você poderá estender seus braços em um ângulo aproximado de trinta graus. Faça uma extensão suave da coluna, puxando suas nádegas levemente na direção dos pés. Da mesma forma, você pode estender a coluna

A prática de shamatha

levantando a cabeça e puxando o queixo levemente na direção do esterno. Isso deve resultar em uma ligeira extensão, nada exagerado. Experimente como se sente melhor com relação aos olhos. Algumas pessoas preferem fechar os olhos completamente, outras acham que ajuda deixar os olhos parcialmente abertos e deixar entrar um pouco de luz para evitar a sonolência. Relaxe os ombros, relaxe os músculos do rosto e, sobretudo, como na postura sentada, deixe os olhos soltos e relaxados. Deixe o seu olhar ficar quieto e permita que os olhos descansem, sem se projetar para fora, sem tensão, completamente relaxados.

Experiencie cada uma das respirações como uma aventura, uma exploração, e veja se é capaz de relaxar completamente em um ciclo completo. Um ciclo completo já é um grande feito, durante toda a expiração e durante toda a inspiração. E, claro, quando a inspiração terminar, você estará pronto para a próxima expiração. Agora você está na descida da montanha-russa, podendo facilmente passar para o próximo estágio. Veja se consegue apenas manter essa continuidade.

O próximo grande estágio da prática é passar do relaxamento para uma experiência de continuidade, uma respiração após a outra. Neste ponto, a agitação grosseira (*auddhatya*) é o principal problema. A agitação grosseira ocorre quando, ao tentarmos acompanhar a respiração, a mente se desprende e se perde completamente seguindo outra coisa. Depois dessa pequena excursão, você volta para a respiração, talvez segundos ou até minutos depois. Você consegue acompanhar a respiração por mais um segundo, talvez até dois segundos e, então, você parte outra vez para outro lugar. Agitação grosseira é simplesmente falta de continuidade. Você esquece que está meditando e fica apenas sentado ali pensando em outra coisa. Subjugar a agitação grosseira implica permanecer no objeto com mais continuidade, por períodos cada vez mais longos: cinco, dez, quinze segundos ou mais.

Mas, conforme desenvolve a estabilidade, é importante fazer isso com delicadeza. Quando fiz meu primeiro retiro de shamatha, fui abrindo caminho como um motorista de trator, sem nenhuma noção de manter o relaxamento, o conforto. Comecei com muito entusiasmo, mas cerca de dez vezes mais determinação do que o necessário, sem saber que o relaxamento era particularmente importante. A longo prazo, foi muito desgastante. Teria sido útil se alguém tivesse me dito: "Ah, e a propósito, relaxe!".

É importante manter a suavidade e a tranquilidade ao longo da prática, sobretudo se você estiver impaciente por resultados. A tradição budista tibetana enfatiza fortemente a preciosidade de uma vida humana em que temos oportunidade e liberdade para nos dedicarmos à prática espiritual, que culmina na eliminação do sofrimento e de suas fontes. Ela nos diz que a oportunidade que temos neste momento é incrivelmente rara e preciosa, além de qualquer valor mensurável e, por isso, devemos aproveitar agora! Esse senso de urgência é muito bom, contanto que você mantenha a leveza e o entusiasmo. Se começarmos a combinar a urgência com uma determinação austera, é provável que adoeçamos. Em última análise, a coisa mais importante na prática é a continuidade. Não é de todo útil determinar um prazo, pensando: "Será que consigo atingir shamatha em um ano ou dois anos, ou antes de morrer, ou antes de envelhecer?"

É claro que isso não é verdade só para shamatha – para estabilizar a atenção e fazer da mente uma ferramenta útil –, mas para toda a prática do Darma. Se estabelecermos a continuidade no núcleo principal de nossa prática – no cultivo da compaixão, do insight, da fé –, se praticamos com continuidade, não precisamos nos preocupar. Continuidade significa cuidar dessas práticas como um jardineiro que plantou um pequeno canteiro de sequoias, cuidando dele dia após dia, semana a semana, mês a mês, ano a ano. Se fizermos progressos rápidos na prática, ótimo. Mas, mesmo se não fizermos, isso não é tão importante. Se a continuidade for estabelecida, a vida seguirá o seu caminho. O corpo se desgastará; a consciência prosseguirá e será corporificada novamente. Essa continuidade é o bem mais precioso que levaremos conosco porque abrirá oportunidades na próxima vida, e poderemos continuar a partir daí. Se formos esporádicos na prática, adotando a abordagem da espingarda, atirando para um lado, depois esquecendo, e depois atirando para outro lado, quem sabe que tipo de resultado obteremos na próxima vida?

Na prática de shamatha, depois de ter estabelecido a estabilidade dentro do relaxamento, você pode, então, aplicar um esforço mais estruturado. Deve ser um esforço bem ajustado, diferente de um esforço muscular grosseiro. Procure sustentar uma continuidade um pouco maior, mas sem enrijecer o sistema corpo/mente. Quando estamos livres da agitação grosseira, mesmo temporariamente, a consciência é calma e estável, atuando como o lastro de um navio. Quando a continuidade se tornar relativamente boa, em que você não perde o objeto talvez por cinco, dez, quinze, vinte minutos, ou talvez até mais em uma única sessão, então é quase certo que alguma lassidão (*laya*) irá se estabelecer. Pode parecer uma complacência, uma acomodação. Chamamos isso de afundamento, como afundar-se em uma poltrona, dizendo "Bem, eu acho que é isso o que devo fazer." Nesse ponto, precisamos reconhecer que a tarefa ainda não está concluída. Existe um terceiro ingrediente sem o qual nunca chegaremos a shamatha e nem acessaremos toda a capacidade da mente. A vivacidade é o componente final e crucial.

As pessoas desenvolvem-se na prática de shamatha em tempos variáveis e também de diversas maneiras. É possível fazer generalizações, mas elas podem não se aplicar a todos os indivíduos. Dito isto, de maneira geral, há uma forte tentação de buscarmos a vivacidade cedo demais. A vivacidade é como um *barato*, no sentido em que esse termo era usado nos anos 1960. Há um prazer nisso, e tudo se torna extraordinariamente interessante. Mas, se a vivacidade não vier acompanhada de uma estabilidade subjacente, ela é frágil e tende a entrar em colapso com muita facilidade. Portanto, pelo fato de a vivacidade ser tão atraente, em geral é um bom conselho desenvolver a estabilidade primeiro. Da mesma forma, é em geral útil enfatizar o relaxamento antes da estabilidade porque há uma tendência comum, em especial entre os meditantes ocidentais, de inicialmente trazer um grande esforço para a prática. A disciplina é valiosa, mas não se sacrifica o conforto e o relaxamento na prática.

Generalizações à parte, nem todo mundo é iniciante e, mesmo aqueles que estão começando a praticar, às vezes, desenvolvem-se bem rapidamente. Se, no curso de uma sessão, sua sensação de tranquilidade for mantida, o foco no objeto for sustentado com estabilidade e se a continuidade for realmente muito boa, pode ser que você se sinta "afundando" no objeto. Esta é uma eliminação prematura da dualidade, fundindo-se com o objeto de uma maneira que não é útil, como se estivesse escorregando numa poça de lodo. Nesse momento, é hora de colocar um pouco de esforço e aumentar a vivacidade. A prática, dessa forma, se torna uma dança, aumentando a vivacidade, mas não à custa da estabilidade; nessa dança, traga mais estabilidade, mas não à custa do relaxamento. Quando falta continuidade, e você ainda precisa lidar com muita turbulência, não é hora de se preocupar muito com a vivacidade. Se você tentar aumentar a vivacidade nessa fase, provavelmente a mente se tornará ainda mais turbulenta, com pequenos lampejos de vivacidade, mas sem base.

Quando a continuidade estiver estabelecida, afundar-se na lassidão se torna o principal desafio. E se a lassidão aumentar, ela progride para a letargia (*styāna*), na qual você se sente pesado. Um pouco adiante da letargia vem a sonolência (*middha*), quando você começa, de fato, a cochilar. Na lassidão você cruza o limiar, mas ainda não está adormecendo. Quando você encontra o primeiro traço de lassidão se estabelecendo, é hora de observar mais de perto, de se interessar mais pelo objeto da sua meditação. Também pode ser um bom momento para trazer alguma ajuda externa, como imaginar o seu corpo sendo inundado por luz. Ou, se estiver um pouco quente, tire uma camada de roupa, beba um copo de água fria ou lave o rosto com água fria. Logicamente, certifique-se de ter dormido o suficiente. Se não estiver tendo um bom sono à noite, não terá como se sair bem. A meditação não é um substituto para o sono. Você pode achar que, se a sua meditação está indo bem, você não precisa dormir tanto, mas não interrompa o sono para ver se consegue meditar um pouco mais. Isso não funcionará a longo prazo.

A prática de shamatha

Se a lassidão ou a letargia se tornarem crônicas, volte à meditação discursiva por um tempo, levando a atenção a temas inspiradores, que elevam e revigoram a mente. Se você achar que nenhuma dessas técnicas funciona, convém mudar completamente o objeto de prática. A atenção plena à respiração é uma boa prática para muitas pessoas, mas não para todas. Para as que têm facilidade para a visualização, há outro caminho completo de shamatha através da visualização. Na tradição tibetana, esse caminho é muito mais comum do que a atenção plena à respiração.[6] Na prática com visualização, o antídoto para tratar a lassidão é direto: basta colocar mais cem volts no objeto visualizado. Aumente a luz.

PERGUNTAS E RESPOSTAS: ATENÇÃO PLENA À RESPIRAÇÃO

PERGUNTA: Aprendi a meditar mantendo a atenção à respiração se movendo por todo o tronco, em vez de apenas as sensações táteis nas narinas. Posso praticar shamatha com esse tipo de atenção ao corpo todo?

RESPOSTA: Acompanhar a inspiração e a expiração através de todo o tronco, sentindo o abdômen expandindo e relaxando, é um dos vários caminhos para a atenção plena à respiração. É uma boa maneira de cultivar a estabilidade em um nível mais grosseiro mas, provavelmente, não irá levá-lo até o atingimento de shamatha. Não é ideal para aprofundar a estabilidade porque há muito movimento, muita oscilação. Se for útil no começo, tudo bem, mas não queremos parar por aí. Concentrar-se nas sensações da respiração na região das narinas funciona, tenho confiança nisso. Mudar a técnica é uma questão de habituação. Não estou dizendo: "Agora, não

---

6 Para acessar um excelente relato experiencial dessa abordagem à prática de shamatha veja Gen Lamrimpa, *Calming the Mind: Tibetan Buddhist Teachings on Cultivating Meditative Quiescence*, trad. B. Alan Wallace (Ithaca: Snow Lion Publications, 1995).

preste nenhuma atenção a isso. Siga apenas esta instrução".
Mas faça a sua escolha, e o restante se desdobrará por si só.

Pergunta: O que devemos fazer se descobrirmos que, ao final da expiração, ocorre uma pausa antes do início da inspiração, talvez dez ou quinze segundos, talvez mais?

Resposta: De fato, existe uma técnica de pranayama na qual você descansa conscientemente por dez a vinte segundos ao final de cada expiração e também a cada inspiração. Você poderia fazer essa prática por até quinze minutos como uma técnica de pranayama. Aqui essa pausa não é planejada mas, muitas vezes, acontece que o excesso de tensão no corpo e na mente se infiltra dessa maneira. Isso não é um problema, desde que ocorra apenas ocasionalmente. Mas, se isso acontecer regularmente e você descobrir no final da sessão que sente seu corpo-mente pesado ou lento, essa é uma indicação bastante clara de que está fazendo esforço demais. Você precisa avaliar por si mesmo. Se achar que se sente bem presente e aterrado, tudo bem. Mas, se isso provocar uma experiência letárgica, relaxe.

Sua postura também pode fazer a diferença. Sentar-se relativamente ereto, mas com a coluna levemente curvada, compacta ligeiramente o diafragma. Nessa postura casual, é natural haver uma pausa no final da expiração. Então, ao final, como quando se sobe uma colina, a respiração volta a se espalhar pelo torso e revitaliza o sistema. Endireitar ligeiramente a postura para elevar o diafragma, pode impedir que isso aconteça excessivamente. A respiração fluirá mais facilmente, e você se sentirá revigorado. Quando a sua respiração encontra um ritmo e se espalha pelo seu torso como uma flor desabrochando, é muito relaxante e revigorante ao mesmo tempo, até mesmo terapêutico para o corpo e para a mente.

Pergunta: Como você evita afetar intencionalmente a respiração quando está tão consciente dela?

Resposta: Se você se render à prática, isso não será um problema tão grande quanto pode parecer. Caso contrário, seria terrivelmente difícil porque a respiração se torna muito sutil, o que significa que também se torna mais fácil de se manipular, como uma pluma. Embora a atenção plena à respiração em si não seja uma prática de *vipaśyanā*, o insight também acontece. Se pudermos observar algo tão de perto, algo tão delicado e, ainda assim, não manipulá-lo com a nossa vontade, apenas descansando com ele; se a atenção e a respiração puderem se mover como dois dançarinos, sem um agarrando e puxando o outro, não sobrará muito espaço para sensação grosseira de um ego. A sintonia fina dessa prática exige que você esteja muito mais presente, aproximando-o bastante da prática do insight. Meu professor Geshe Ngawang Dargyey me disse uma vez que, se você de fato realiza shamatha, é relativamente fácil desenvolver um insight que transforme a vida de forma radical.

PERGUNTA: Depois de pouco tempo contando a minha respiração, eu apago e só volto quando o sino toca. É isso que você quer dizer com lassidão?

RESPOSTA: Sim. Se você estiver simplesmente cansado, é melhor descansar. Quando você descobre que, independentemente do quanto você se dedicar, a mente simplesmente não está à altura da tarefa, o problema pode ser a fadiga. Pode também ter muito a ver com o grau de interesse pela prática. Se você não estiver muito interessado, pode ser que a prática não seja a mais adequada. Vale a pena discutir isso com um professor. Uma resposta tradicional seria manter as sessões relativamente curtas. Assim, se o interesse pela prática diminui, você não fica ali simplesmente perdendo tempo. É muito fácil perder tempo na prática individual quando se está sozinho. Variar o tipo de prática também pode ser útil. Se ficar entediado, tente alternar shamatha com meditações discursivas, um modo mais ativo de prática.

Mas, em defesa das práticas de shamatha, se, de alguma forma, seja em sessões curtas ou relembrando sua motivação, você puder começar a sentir o gosto da vivacidade junto com a continuidade da atenção, a meditação começa a colher suas próprias recompensas. A prática em si traz bem-estar, e você não precisa mais procurar ajuda externa para motivá-lo. Quando a própria prática se tornar gratificante, você terá atingido um divisor de águas.

Também é útil trazer muita luz para a prática. Medite em um ambiente mais claro, um lugar onde a luz seja suavemente brilhante. Internamente, gere luz em sua prática. Por meio da imaginação, preencha todo o corpo com luz e depois deixe-a transbordar do corpo. Quando a mente se fecha, isso precisa ser remediado com esforço. Ao invés de relaxar no problema, traga para a prática uma consciência de alta voltagem.

PERGUNTA: Durante as últimas sessões eu não tinha consciência do meu corpo. Eu olhava para baixo como se o corpo não fosse meu. Esse distanciamento é bom ou eu deveria me sentir mais conectado ao corpo, utilizando, por exemplo, a técnica de trazer luz ao corpo?

RESPOSTA: São duas questões diferentes. Desengajar-se do corpo está bem. A prática de trazer luz para o seu corpo de luz é um preâmbulo. Quando a mente começa a penetrar mais profundamente no objeto meditativo, a sensação de ter um corpo de fato desaparecerá e, nesse caso, você não precisa usar o corpo de luz. Ele serviu ao seu propósito, que era levá-lo a esse ponto. Essa é uma das razões pelas quais uma boa postura é tão importante: quando você começa a se desprender do corpo, ela continua com o piloto automático. Se começar a prática na direção correta, a postura se sustenta, cuidando de si mesma em um samadhi muito profundo.

PERGUNTA: Minhas costas e meus joelhos estão doloridos por passar muito tempo sentado. Como devo lidar com a dor física durante a meditação?

RESPOSTA: Existem diferentes pontos de vista sobre como lidar com a dor que surge quando se está sentado. Uma visão, que eu respeito muito, ensina que a dor é parte da prática. Você encontrará muito isso no Zen e em graus variados na tradição Vipassanā. Você aceita a dor sem responder a ela.

A prática de shamatha

Você deixa as ondas de dor passarem enquanto mantém a prática. A tradição tibetana, por outro lado, atribui pouco ou nenhum valor à dor física na meditação. Eles dizem: se doer, mova-se. Temos problemas suficientes em nossas vidas para convidar a dor física a participar da meditação. É claro que você pode jogar toda a prática pela janela com essa abordagem se você se incomodar com qualquer desconforto mínimo e se mover com qualquer coceirinha que surgir. A atenção se perde completamente. Eu sugeriria um meio termo, mas o meio termo que eu ensino e pratico tende a ser bastante gentil. Se você descobrir que algo está realmente perturbando a sua atenção e o importunando, sugiro que você se mova. Você pode tentar fazer um ajuste bem sutil no início, talvez apenas redistribuindo o seu peso. Pode ser que recruzar as pernas ajude. Se o seu corpo estiver apenas cansado, os seus músculos estiverem tensos independente do modo como você acomoda suas pernas, a melhor coisa é passar para a posição supina. Mas não se mova ao primeiro sinal de desconforto porque seria bom poder expandir a bolha de conforto um pouco mais a cada vez. Alongar essa duração trará mais liberdade para a sua prática.

Tenho lido os textos antigos sobre a prática de shamatha e sua relação com o caminho como um todo. É muito interessante que, incluindo o próprio Buda, não se encontrem temas como: "Esforce-se diligentemente, sei que dói muito, mas cerre os dentes e tente mesmo assim". Em vez disso, o Buda diz: "E, por meio da prática de shamatha, a alegria surge e, da alegria, surge o insight..." Achei interessante. Fazemos o que podemos para criar as circunstâncias para que uma sensação de felicidade e bem-estar surjam na mente. Essa é uma onda que você pode surfar. Todas as coisas sendo iguais, prefiro surfar uma onda de felicidade do que uma onda de tormento físico.

PERGUNTA: Como a prática de shamatha difere da atenção plena à respiração tal como é ensinada no Vipassanā ou na tradição Theravāda?

AS QUATRO INCOMENSURÁVEIS

Resposta: Em primeiro lugar, você deve notar que a tradição Theravāda contemporânea usa uma terminologia muito diferente da maneira como é usada na tradição tibetana e até mesmo no texto "*The Path of Purification*" de Buddhaghosa, que é a base desse ensinamento. Às vezes, se ouve o termo shamatha usado para descrever um estado muito mais elementar do que o que estamos falando aqui[7].

Vipassanā, como é ensinado hoje em dia no Sudeste Asiático e no Sri Lanka, tende a enfatizar a "atenção pura" (*bare attention*): estar completamente no presente e deixar sua consciência o mais livre possível de qualquer superposição conceitual, incluindo julgamentos, classificações e, em especial, respostas emocionais. Simplificamos a consciência o máximo possível, aprimorando e refinando a atenção plena. O que quer que surja – seja o canto dos pássaros, um pensamento, uma emoção, sensações táteis, dor, prazer –, observe sem julgamento, sem se agarrar a ele, sem elaborá-lo conceitualmente. Isso lhe dá uma percepção muito mais clara do que está acontecendo no momento. Isso produz um tipo de insight e é extremamente útil. E é também essencialmente muito, muito simples.

À medida que progredimos na prática, podemos ser encorajados a examinar se existe algum "eu" presente nos fenômenos que estão sendo observados, se há algo estático ou estável, ou se tudo está em um estado de fluxo. Isso não é analisar ou filosofar, mas é um modo de investigação. Vipassanā é uma prática de insight e, tradicionalmente, implica de fato uma investigação sobre a natureza da realidade.

Por outro lado, shamatha não envolve investigação, embora parte do método de práticas como a atenção plena à respiração, possa ser semelhante. Shamatha é afiar a ferramenta da atenção. Estamos desenvolvendo a estabilidade e a vivacidade da atenção. Se a estabilidade ou a vivacidade começar a diminuir, aplicamos um antídoto. Em vipassanā, se

---

[7] Explorei este tema e a relação entre Shamatha and Vipassanā na tradição Theravāda em "The Bridge of Quiescence: Experiencing Tibetan Buddhist Meditation" (Chicago: Open Court, 1998).

percebermos que a lassidão surge, nós simplesmente notamos. Não tentamos neutralizar nem fazer nada a respeito. Se sentirmos que a mente está ficando turbulenta, notamos: "Ah, há muitos pensamentos". E esse é um bom resultado, sem que precisemos trabalhar continuamente em estratégias como em shamatha. Essa é uma diferença nas experiências qualitativas dos dois tipos de meditação.

Há pessoas que acreditam, e creio que de certa forma com bons fundamentos, que se você progredir na prática de vipassanā, a mente se tornará estável e sua vivacidade será aumentada como resultado das práticas de atenção plena e insight. Vipassanā pode ser uma excelente base para shamatha, assim como shamatha pode trazer a estabilidade e a vivacidade de que você precisa para realmente se beneficiar da prática do insight. Para algumas pessoas, pode ser mais eficaz praticar atenção plena continuamente e fazer muito pouca prática formal de meditação. Se conseguir desenvolver esse tipo de atenção plena que cobre todo o dia, você, de fato, terá um bom capital para investir se optar por fazer um retiro de shamatha. E, então, se você fizer um outro retiro de vipassanā com as ferramentas de shamatha já à disposição, essa é uma combinação que será muito eficaz. Obviamente, vipassanā e shamatha são perfeitamente compatíveis.

O DOMÍNIO SOBRE A ATENÇÃO: ATENÇÃO PLENA E INTROSPECÇÃO

Na maior parte do tempo, a nossa atenção é compulsiva. Nós não queremos de fato dar atenção aos pensamentos que nos distraem enquanto estamos meditando e, ainda assim, o fazemos. O direcionamento da atenção tem muito a ver com a vontade, mas nem sempre é impulsionado pela vontade. Quando é compulsivo, é provavelmente impulsionado pelos objetos. Por exemplo, se ficarmos enfurecidos, talvez não queiramos nos concentrar naquilo que nos enfurece e, no entanto, é exatamente para onde a atenção vai. Não é por causa de algum estímulo externo. Poderíamos estar sentados sozinhos em uma sala e, ainda assim, a mente ser compelida a dar atenção a esse objeto enfurecedor. As práticas de shamatha são desenhadas para nos dar não apenas o controle da atenção, mas a liberdade da atenção. Se quisermos prestar atenção à respiração, temos a liberdade de prestar atenção à respiração. Se quisermos prestar atenção em outra coisa, temos liberdade para isso.

Ter domínio sobre a atenção é um feito extraordinário. Os textos de William James sobre a atenção me pareceram muito lúcidos.[8] Mas os budistas têm muito a dizer sobre isso também. No contexto budista, o domínio sobre a atenção é mais do que uma realização psicológica. Você não apenas obtém domínio de uma maneira muito significativa sobre a sua própria mente, como também o domínio sobre a sua atenção começa a influenciar o seu ambiente. Śāntideva, por exemplo, declara que todos os tipos de perigos externos podem ser subjugados quando se obtém domínio sobre a própria mente[9].

Quando descobrimos que a mente se distraiu, uma solução tradicional e testada ao longo do tempo é simplesmente interessar-se mais pelo objeto principal. Observe cada respiração como algo absolutamente sem precedentes: essa respiração nunca mais voltará. Haverá outra respiração, mas esta é única. Contemple isso com uma qualidade lúdica e com leveza: "Isso foi muito bom – duas respirações seguidas! Que tal três agora?" Veja se consegue manter essa qualidade de atenção sem se tornar duro e mal-humorado, fazendo caretas em nome da disciplina. Contar pode ser divertido ocasionalmente. Veja se consegue chegar até dez respirações, sem se perder. Então, se tiver sucesso, pratique sem contar por um tempo. Brinque com isso, mas não transforme a contagem em elaboração conceitual. Quando puder sim-

---

[8] Veja especialmente sua obra clássica "The Principles of Psychology" (NewYork: Dover Publications, 1890/1950) e também "Talks to Teachers: On Psychology; and to students on some of Life's Ideals", Introdução de Paul Woodring (New York: W. W. Norton & Co., 1899/1958).
[9] A Guide to the Bodhisattva Way of Life, V-: 4-5.

plesmente se interessar mais por cada respiração, é preferível ter um interesse simples do que um interesse complicado.

Existem duas qualidades distintas de consciência que são cultivadas na prática de shamatha: atenção plena (*smiṛt*) e introspecção (*saṃprajanya*). Estas qualidades são definidas muito especificamente no contexto do budismo tibetano, que é um pouco diferente do contexto Theravāda. Atenção plena (*mindfulness* em inglês) é aquela faculdade ou modo de consciência que está diretamente engajada com um objeto familiar, neste caso, as sensações táteis associadas à respiração. Nesta prática, a atenção plena é um fluxo contínuo e ininterrupto de atenção à inspiração, à expiração e também àquelas pausas entre as respirações. A única tarefa da atenção plena é engajar-se com o objeto com continuidade. É como o bater do coração: você sempre quer que aconteça. Se não estiver lá, tente recuperá-la o mais rápido possível.

A introspecção tem uma tarefa bem diferente da atenção plena. Ela serve como o controle de qualidade em uma fábrica. Enquanto a atenção plena observa o objeto meditativo, a introspecção observa a mente que medita, verificando como está indo: "Eu ainda estou tentando controlar a respiração? Estou tagarelando sobre a respiração enquanto pratico? Estou adormecendo? Estou perdido?" A introspecção também tem a tarefa de verificar o corpo de vez em quando. Cheque a postura: os ombros devem estar tão relaxados quanto um casaco em um cabide. Verifique se o seu rosto ficou tenso, se os músculos ao redor dos olhos ou mandíbulas estão contraídos. Se você estiver acostumado a praticar, pode sentir que tem uma postura confiável e não precisa de muita introspecção. Nas fases iniciais da meditação, ou se você estiver experimentando diferentes posturas, a atenção ao corpo é mais importante. Mas a principal tarefa da introspecção é monitorar a mente porque a mente tende a mudar mais rapidamente do que a postura.

Note que a introspecção não está de plantão o tempo todo. Você não precisa ter um controle de qualidade para verificar todos os itens que saem da linha de montagem, mas é preciso que esse controle entre em ação de forma intermitente. Se a mente se distrair, é tarefa da introspecção reconhecer isso e, então, você aplica os antídotos deliberadamente para restaurar a atenção plena. Se você acha que a prática está perdendo a força, que a vivacidade se foi e você está se perdendo, também é tarefa da introspecção notar isso e despertar a intenção de lidar com a lassidão. Talvez esteja cansado e seja o momento de encerrar a meditação, fazer uma caminhada ou fazer algo totalmente diferente; ou talvez você precise insistir um pouco e trazer a vivacidade de volta.

A introspecção precisa ser mais frequente nas fases iniciais da prática, tanto para a mente quanto para o corpo. Mais adiante, você aprenderá a descansar em uma postura estável, e a introspecção não será mais necessária para o corpo.

Conforme você progride, a introspecção não é necessária com tanta frequência, mas deve se tornar mais bem treinada e mais aguda. Os tipos de problemas a serem observados tornam-se mais sutis. Se fizer a prática com alguma continuidade, existe a possibilidade de realmente ficar melhor nisso! Depois de vários meses, você pode muito bem descobrir que a agitação grosseira não é mais um problema. Ela ocorre quando a distração mental faz com que você esqueça completamente o seu objeto de meditação. A respiração já era e agora você está pensando em sorvete, ou pizza, ou em onde você precisa ir às cinco horas.

Quando você chega a um ponto em sua meditação onde a agitação grosseira não surge mais, ainda pode surgir a agitação sutil. A agitação sutil é a tagarelice de fundo que aparece nas margens do campo de atenção, mesmo quando você está focado no objeto. Podem surgir discursos mentais ou imagens. A introspecção permanece intermitente, mas precisa ser aprimorada.

Você pode ir ainda mais longe, até o ponto em que as agitações grosseira e sutil não surjam mais, sendo capaz de sustentar a atenção plena com uma qualidade cada vez mais refinada. Pense nos momentos de consciência como uma carreira de dominós: o espaço entre eles fica cada vez mais estreito. Quando o espaço, que é o intervalo entre momentos de atenção plena, é muito grande, há lugar para a agitação sutil surgir entre esses momentos, e você tem a sensação de estar fazendo duas coisas simultaneamente. Mas, quando a distância entre os dominós começa a diminuir, não há espaço para outras imagens. A carreira de dominós torna-se uma superfície aparentemente suave e contínua de atenção plena focada em seu objeto. À medida que se desenvolve maior estabilidade, e a agitação diminui, tanto a grosseira quanto a sutil, certamente surgirá a lassidão. É como se fosse uma satisfação consigo mesmo, uma complacência. Você descansa no objeto, e a nitidez da consciência se vai. Pode ainda existir um certo grau de vivacidade, mas não o suficiente. Você se descuidou da prática. A palavra tibetana para lassidão (*bying ba*) significa literalmente "afundar". Você precisa da introspecção para detectar que este é o remédio e, a partir disso, dar mais intensidade à meditação. Só consigo falar em metáforas agora, mas para combater a lassidão grosseira você precisa aproximar os dominós um pouco mais e trazer uma faísca mais intensa de vivacidade. Existe até um grau sutil de lassidão no qual o objeto permanece vívido, mas sem a intensidade plena. (A única maneira de saber do que estou falando é seguir em frente e praticar. Caso contrário, é como tentar descrever chocolate para alguém que nunca o provou.)

No momento em que você supera a agitação grosseira e sutil e remedeia a lassidão grosseira e sutil, tudo fica mais fácil. A partir desse ponto, você não precisa mais da introspecção. Na verdade, a introspecção se torna um incômodo e perturba a meditação. Não é uma linha que você cruza, mas um estágio ao longo do qual você se move gradualmente. Pode haver momentos relativamente breves em sua meditação em que você possa dizer com honestidade: "Não preciso fazer mais nada. Não preciso de introspecção. Posso apenas seguir o fluxo". Mas não se apresse para chegar a esse ponto.

Note que a introspecção é autorreferencial, um tipo de monitoramento interno. Quando a introspecção não for mais necessária porque os problemas aos quais se destinava não estão mais presentes, nesse ponto, a sensação reificada da dicotomia entre sujeito e objeto começa a desmoronar. Resta apenas a experiência, o evento da atenção plena ocorrendo com continuidade e vivacidade. É desse espaço que você vai diretamente para o atingimento de shamatha propriamente dito. Esse é um estado avançado, mas você certamente experienciará pequenos fac-símiles antes de alcançá-lo. Você terá vislumbres, sentirá seu sabor brevemente quando souber, por si mesmo, ao menos por um tempo, que não existe a sensação de haver um meditante. A dicotomia entre o meditante e o objeto meditativo é algo que precisa ser construído: não é natural. Nós o construímos conceitualizando-o concretamente, dando-lhe forma: "Esse é o objeto, esse é o meditante, essa é a meditação e eu estou indo bem ou não". À medida que você libera esse comentário contínuo, também começa a liberar a construção mais silenciosa de "estou meditando". E você libera simplesmente acompanhando mais de perto e com uma continuidade mais firme, aproximando mais os dominós, até que não haja mais espaço para dizer: "E, aliás, estou meditando".

SHAMATHA COMO CATALISADOR DE EVENTOS MENTAIS

Ao final, você certamente sentirá que a criatividade surgirá a partir de shamatha. Em especial durante uma sessão de meditação relativamente estável, em vez de se distrair com uma corrente de pensamentos desconexos, apenas alguns pensamentos surgirão e parecerão mesmo ter valor. Podem indicar inovações em relação a algo em que você está trabalhando, coisas que você não quer jogar fora com o resto do lixo.

O próprio fato de isso acontecer já é interessante. Quando eu estudava física como aluno de graduação no Amherst College (depois de ter ficado fora do meio acadêmico por catorze anos), fiquei rangendo os dentes por três horas tentando resolver um problema de mecânica elementar, algo sobre uma bala de canhão que se dividiu em três partes no ar, e eu precisava descobrir onde cada parte atingiria a terra. Eu era um monge na época, e a trajetória de fragmentos de balas de canhão estava lá embaixo na minha lista de interesses. Como um trator empurrando uma parede de granito, expelindo combustível e fumaça, eu não estava chegando a lugar nenhum, só a um estado de frustração. Então parei e fui meditar. Quinze minutos depois, algo surgiu: não uma solução completa, mas uma abertura, como colocar uma faca em uma concha. Se a prática de shamatha nos trouxer uma solução para um problema difícil ou nos abrir a algo muito maravilhoso no campo criativo como a música ou a arte, o que fazemos com isso?

Você provavelmente não terá uma dúzia de insights valiosos por sessão e, portanto, provavelmente conseguirá se lembrar deles sem parar para anotá-los. Na minha experiência, basta segurar a faísca desse insight. Quando terminar a meditação, você pode então deixar essa faísca reacender. É claro que, se a faísca estiver quente demais para segurar e se você estiver empolgado demais para meditar, então vá em frente. Você conseguirá obter uma sinfonia completa com todas as partes individuais claramente audíveis. Mozart descreveu a experiência de compor escrevendo o que ouvia, como um escriba ou um repórter. Faça o que quiser com isso e, depois, retome a prática com uma sensação de ter feito o que havia para ser feito.

Embora a atenção plena à respiração não seja dirigida a imagens, à medida que a mente se torna calma, a prática pode catalisar imagens e memórias que são mais vivas do que qualquer outra que você já tenha experienciado. Pode acontecer que, além de imagens, surjam também impressões auditivas e outras sensações. As imagens podem até ter continuidade à medida que os eventos se desdobram em sua mente. Se desejar, você pode sustentar esse material que a meditação catalisa. Você pode até se surpreender com o tempo que consegue permanecer conectado a esses eventos mentais. Você pode brincar com isso, exercitar um pouco. Mas deixe as imagens surgirem espontaneamente; não as busque. E, se você estiver realmente querendo praticar shamatha, então reconheça-as e deixe-as seguirem seu próprio caminho.

Parte do material que surge, provavelmente, é traumático e traz muita agitação: memórias que provocam culpa, medo, raiva ou algum ressentimento profundo. Quando essas memórias, imagens ou emoções surgem, elas se tornam o seu desafio. Esse é um evento importante na prática. Deve ser considerado não como um incômodo ou como um problema, mas como um aspecto crucial e decisivo da prática. Isso significa que aprendemos a reconhecê-las, confrontá-las, compreendê-las, aceitá-las e liberá-las. Isso não significa que deveremos nos agarrar a elas ou deixar que elas nos oprimam. Não precisamos processar todas as experiências ruins que tivemos em nossa vida; isso nunca teria fim. Simplesmente liberar é o melhor a ser feito mas, às vezes, a experiência pode ser bastante tenaz. Se, por exemplo, o ressentimento continuar batendo na porta da sua mente, talvez você precise praticar um pouco de bondade amorosa para eliminá-lo. Ou, se houver culpa, talvez você precise trazer alguma compreensão para desvencilhar-se dela. Mas, se for capaz de lidar com essas experiências simplesmente liberando-as, ótimo!

LIDANDO COM PROBLEMAS NA PRÁTICA DA *SHAMATHA*

Se a sua prática é saudável e agradável, sustentada com entusiasmo e bem-estar, as chances são extremamente remotas de que qualquer problema catalisado se enraíze profundamente. Nunca ouvi falar de um caso assim. Quase todas as situações que encontrei de problemas persistentes na prática de shamatha são caracterizadas por falta de disposição e por uma dependência completa da disciplina. Normalmente, quando a prática de shamatha vai mal, ela se torna pesada, frustrante e isolada, estéril e escura. Sentimos a necessidade de nos esforçar mais e, é claro, isso a torna ainda pior.

Tensão e dores físicas não são necessariamente indicações de um problema. Nos estágios iniciais, sobretudo, a tensão no corpo pode ser causada mais pela mente do que pela fadiga muscular ou por algum outro fator puramente físico. Os joelhos podem doer quando você está meditando e ficam bem em qualquer outro momento, mesmo se ficarem imóveis por longos períodos de tempo. Parte da mente quer uma desculpa. Se a dor for causada por esse tipo de influência da mente, então faça uma escolha. Reconheça que a tensão não é realmente debilitante e apenas solte.

Se o problema permanecer entre as sessões e, sobretudo, se estiver associado a uma série de outros sintomas que sugiram de um desequilíbrio no sistema nervoso, você deve ser mais cuidadoso. Esses sintomas incluem tensão, um sentimento persistente de escuridão ou peso no coração, uma tristeza que pode levar à depressão ou irritabilidade, ao nervosismo e a uma tendência a chorar – não um choro revigorante e purificador, mas apenas um pesar. Se você reconhecer que um ou mais desses sintomas ocorrem de forma crônica, então há alguma coisa errada. É hora de se acalmar, falar com o professor e solucionar a questão. Se estiver sozinho, a primeira coisa a fazer é aliviar a intensidade da prática. Relaxe e permita-se ser um pouco preguiçoso. Você pode experimentar um pouco de yoga, pode ser de grande ajuda. Acima de tudo, traga mais leveza e encontre algo para restabelecer o ânimo e o entusiasmo da mente. Se puder fazer isso, terá grandes chances de eliminar o problema. Quando a alegria, o entusiasmo e a leveza da mente se tornam uma lembrança distante, esses sintomas podem realmente se manifestar persistentemente e se tornar problemáticos.

Se você sentir uma sensação densa, escura, apertada e fechada, em especial na região do coração ou no centro do peito, recue imediatamente. Recue como se uma cobra tivesse caído em seu colo. É muito importante não seguir a meditação se isso acontecer, pois pode causar um grande dano. Faça algo divertido – vá comer uma pizza, tomar um sorvete ou ouça a sua música favorita. Faça o que puder para trazer a leveza de volta e sair desse lugar rapidamente.

Por que isso pode acontecer? O centro do coração está intimamente ligado à consciência mental. Existe uma energia vital no corpo que pode ser sentida de maneira tátil, mesmo que não seja física no sentido científico ocidental. (Não há lugar para "energia vital" na física moderna. Acho que nunca haverá; é um

AS QUATRO INCOMENSURÁVEIS

tipo diferente de fenômeno. Esse é um tipo de "qualia" que é experienciado em primeira pessoa, não algo que existe puramente de maneira objetiva, independente da experiência.) Essa energia se manifesta, entre outras maneiras, como sensações físicas em seu coração que acompanham os diferentes estados emocionais. Quando você se sente alegre e feliz, quando se sente animado, quando se sente pesado e deprimido, quando sente raiva: note as sensações físicas em seu coração. Para qualquer um dos principais estados da mente, você provavelmente poderá sentir a energia vital correspondente, se prestar atenção a ela.

Na prática de shamatha, você está fazendo algo muito incomum com a sua mente. Você está pedindo que ela que se concentre em uma coisa e permaneça ali. Isso significa que você está, de certa forma, compactando a sua atenção. Está eliminando a dispersão e canalizando, unificando a mente. Ao reunir a sua mente, você também reúne as suas energias vitais, direcionando-as para o coração. Se a qualidade da consciência que você está compactando tem elementos negativos, como ressentimento, culpa, depressão, tristeza ou medo, isso também aparecerá no coração como uma sensação de escuridão pesada, como se você tivesse acabado de engolir uma pedra.

Os tibetanos descrevem isso como "energia ruim" (*rlung ngan pa*) e, é claro, é exatamente isso o que se sente. É perigoso porque a energia pode se alojar no coração e permanecer lá. Isso pode levar à depressão crônica ou algo pior. É lamentável, mas isso acontece desnecessariamente para muitos meditantes. Você pode trabalhar essa experiência, mas é difícil, sendo muito melhor nem permitir que isso aconteça. Se acontecer, quanto mais cedo você lidar com ela, mais fácil será. Como proceder? É preciso trazer muita leveza e luz para a sua vida e provavelmente não deverá praticar muito. Se desejar meditar, as sessões devem ser muito curtas e muito leves; a prática de bondade amorosa é bem apropriada, mas nunca ao ponto de se tornar opressiva ou pesada de forma alguma. É preciso manter a leveza, fazer coisas que o agradam, passar tempo com as pessoas de quem você gosta. Se tiver um professor ou professora espiritual, pense muito sobre essa pessoa. Faça o que puder para introduzir uma qualidade de leveza, doçura e calor em seu coração e em sua mente. Você realmente precisa tomar providências importantes para combater o peso sombrio e frio desse problema, sendo muito paciente até poder retomar qualquer tipo de meditação mais intensiva. Você precisa tirar uma licença por algum tempo.

É incomum, mas problemas semelhantes a esses associados ao centro do coração às vezes acontecem quando a atenção plena à respiração com foco nas narinas concentra muita energia na cabeça. Você pode sentir a sua cabeça cheia e inchada como uma abóbora em cima do pescoço. Pode sentir pressão ou dores de cabeça. Se isso acontecer, abandone essa técnica por um tempo. Leve a atenção para o abdômen ou deixe que ela permeie suavemente todo o corpo, mas afaste-a da cabeça. Não é saudável; se seguir utilizando essa técnica, o problema pode se tornar crônico e não há realmente nenhuma razão para permitir que isso aconteça. Dores de cabeça não devem se tornar comuns como resultado da prática. Se ocorrem de vez em quando, é normal. Mas, se você perceber que está tendo dores de cabeça associadas à meditação com algum grau de regularidade, então algo está errado e precisa ser verificado. Se as dores de cabeça se tornarem frequentes, converse com um professor qualificado.

Por outro lado, você também pode ter muitas sensações físicas incomuns na prática de shamatha que não causam preocupação alguma. As pessoas geralmente relatam experiências bizarras, como distorções do sentido do espaço físico, ilusões de movimento ou queda, uma sensação de que os membros estão contorcidos ou um zumbido nos ouvidos. Você pode sentir como se seu corpo estivesse inchando como o boneco da Michelin, ou como se estivesse enraizado na terra. Em geral, quando essas experiências envolvem todo o corpo, ou são periféricas, focadas nos membros, elas não são sinais de perigo, são inofensivas. A instrução tradicional é ignorar esses fenômenos, por mais difícil que seja. Quando você presta atenção a uma sensação específica ou fixa-se a ela, você a perpetua e, assim, pode se transformar em um obstáculo.

A razão por trás dessas experiências é que shamatha tem um profundo efeito no sistema de energia vital do corpo. Estamos fazendo algo com o que a mente não está acostumada – colocando-a no lugar e dizendo: "Junto!" À medida que você se concentrar e direcionar a mente de uma maneira desconhecida, em especial se fizer isso de uma forma cada vez mais profunda, isso provavelmente terá um efeito sobre as energias vitais – elas começam a se rearranjar. Isso prossegue durante todo o curso do desenvolvimento de shamatha até a sua culminância. Quando você realmente atinge shamatha, ocorre uma mudança radical nas energias vitais. É como ter toda a energia elétrica da sua casa religada: as energias funcionarão de maneira diferente, e você sentirá o seu corpo extraordinariamente leve e maleável. A partir daí, a menos que você deixe a sua prática de shamatha se deteriorar, esse se torna o seu estado físico normal. Antes da realização de shamatha, há muito rearranjo dos móveis, por assim dizer, à medida que as energias mudam. E, quando isso acontece, podem surgir sensações físicas estranhas, talvez, até ter a sensação de que seu corpo está girando ou virando de cabeça para baixo.

E se você não tiver certeza de que algo que você está enfrentando é ou não é problemático? Existem dois tipos de professores: um é a sua própria intuição, o outro é uma fonte externa. Se sentir muito claramente que há algo ali que vale a pena explorar, vá em frente! Solte-se dentro da experiência e explore. Se tiver problemas, recue e verifique com uma fonte externa. Se você tiver um problema recorrente como dores de cabeça ou um peso no coração, sugiro que consulte um professor de meditação qualificado. Se começar a desenvolver um estado crônico de fadiga e tensão na meditação, ou estados mentais cronicamente sombrios, é hora de parar e tomar medidas adequadas. Converse com um professor. Corte esse mal pela raiz. Não permita que o problema persista e se incorpore à sua prática.

Poucas pessoas são capazes de praticar exclusivamente shamatha em um retiro prolongado. Às vezes, a mente inevitavelmente se torna densa e precisa ser inspirada e elevada. Alternar entre shamatha e bondade amorosa pode ajudar. Recostar-

A prática de shamatha

-se e refletir sobre o motivo por que você está praticando pode ser muito útil. Encontre maneiras de elevar a mente sem permitir que ela seja arrastada por obscurecimentos. Você pode achar estimulante pensar em uma pessoa extremamente atraente mas, quando traz o desejo para a meditação, ele vem com seu próprio conjunto de problemas. Mantenha esse alívio virtuoso. Você pode simplesmente dar um passeio ou conversar com amigos de vez em quando. Se eles estão fazendo a mesma prática que você, isso pode ser realmente inspirador.

A técnica simples de trazer luz para a meditação pode ser extremamente útil. Desenvolva a sensação de que o seu próprio corpo é um corpo de luz: uma luz muito calma, suave e transparente. Deve ser luz em todos os sentidos do termo, leve e suavemente brilhante, sem nenhuma densidade, como se houvesse espaço extra entre as moléculas. Mantenha essa sensação de luz como seu ambiente e, dentro dela, atente para as sensações da respiração nas narinas. Veja se consegue relaxar. Se você encontrar alguma tensão, reduza temporariamente a intensidade do seu foco na respiração; traga novamente a leveza difusa, impregnada de uma sensação de tranquilidade. Imagine se você realmente tivesse um corpo de luz, como isso seria confortável. Permaneça assim por um tempo e, depois, mantendo a sensação de tranquilidade e leveza, retome o foco na respiração.

Outra sugestão muito prática que os lamas tibetanos oferecem, sobretudo para esse tipo de prática focada, em que a mente é fortemente dirigida para dentro, é passar o intervalo entre as sessões em um lugar onde você possa soltar o olhar em um amplo espaço onde possa enxergar pontos muito distantes em um amplo horizonte.

CAPÍTULO TRÊS
O caminho de *shamatha*: uma visão geral

OS NOVE ESTÁGIOS DO CAMINHO DE *SHAMATHA*

A tradição budista tibetana apresenta um mapa muito claro do caminho de shamatha, desde o início da prática até a sua culminância. Começa aqui mesmo onde seus pés estão agora – não no nível de um super monge ou de um iogue avançado – e demarca uma progressão de nove estágios distintos até a realização de shamatha. Conhecer a progressão é útil, mas não porque você deveria avaliar o quanto avança, competindo com um padrão, ou com a sua melhor performance. É útil porque os problemas que surgem em cada estágio são distintos e requerem remédios diferentes.

1. Posicionamento

Realizar o primeiro estágio significa você conseguir encontrar o seu objeto. Você o encontra, dizem os ensinamentos, ao ouvir a instrução: você ouve o que deve fazer e depois faz. Se você estiver estudando com um professor tibetano tradicional, pode ser que receba a instrução de tomar uma estátua do Buda, olhar para ela e depois visualizá-la. Se conseguir ver a imagem em sua mente, você realizou o primeiro estágio. Na prática de atenção plena à respiração, a instrução é a de dirigir a atenção para sensações táteis da passagem do ar nas aberturas das narinas ou acima do lábio superior. Algumas pessoas não entendem imediatamente; elas não encontram nada lá. Quando conseguir dirigir sua atenção para aquela região e identificar alguma sensação – notar quando o ar está entrando e quando o ar está saindo –, você realizou o primeiro estágio.

2. Posicionamento contínuo

Posicionar a mente continuamente significa você ser capaz de permanecer atento ao seu objeto meditativo, livre de agitação grosseira, por cerca de um minuto, sem esquecê-lo completamente. A medida usada pelos tibetanos é o tempo necessário para recitar um mala do mantra OṂ MAṆI PADME HŪṂ, equivalente à recitação do mantra por cento e oito vezes.

Não há nada de mágico a respeito dessa duração, mas manter esse grau de continuidade é um indicador. Isso implica que você tem, de fato, alguma continuidade da atenção. No primeiro estágio você praticamente não tem continuidade alguma. Você entra e sai por um segundo ou dois de cada vez, uma meditação *staccato* e, em seguida, se perde completamente por cinco ou dez segundos. O segundo estágio vai em direção à continuidade, embora ainda possa haver bastante ruído periférico. Há provavelmente uma conversa de fundo na mente, e o seu objeto pode não estar muito claro. Pode ser um tanto confuso, mas pelo menos você não perde o objeto.

Você realiza o segundo estágio, diz-se, pelo poder da reflexão: o elemento principal que torna possível a passagem do primeiro para o segundo estágio é a atenção plena.

Uma questão crucial aqui – impossível enfatizar isso o suficiente – é o relaxamento. Especialmente se você busca atingir objetivos na prática (e, devo dizer, que o caminho praticamente convida a buscar objetivos), é muito fácil, depois de ter encontrado o objeto, cerrar os dentes e seguir em frente com a determinação: "vou conseguir continuidade ainda que isso me mate!" Você obterá continuidade, e essa abordagem de esforço muscular do caminho de shamatha, de fato, poderá matá-lo. Você esquecerá tudo o que foi dito sobre tranquilidade e relaxamento, até mesmo de que talvez você devesse gostar da prática. Ela é chamada de *quiescência* por uma razão.

A transição do primeiro para o segundo estágio (ou entre quaisquer dois estágios no caminho para shamatha) acontece de forma suave, gradual. Isso não acontece durante a noite, ou de um dia para outro; mas, sim, como um gradiente. Você sente que, com uma frequência cada vez maior, períodos reais de continuidade passam a ser a norma. A maneira de passar do primeiro estado atencional para o segundo é sustentar o relaxamento e aplicar um grau sutil de esforço para manter a atenção. A continuidade não deve ser conquistada à custa do relaxamento. Se você se esquecer disso, perderá muito tempo e, francamente, a única razão para se ter um professor de meditação é não perder tanto tempo.

Como é o segundo estágio? É muito bom. Não é êxtase, certamente, não de forma contínua, embora você possa ter pequenos lampejos de bem-aventurança de vez em quando. Mas há uma qualidade de tranquilização. É silenciosamente muito agradável, e não é mais entediante. Você pode praticar uma hora, até duas ou três horas, sem se sentir entediado. Não é de uma alta qualidade espantosa, e nem é intensamente interessante, mas é silenciosamente agradável e valioso.

3. Reposicionamento

O terceiro estado atencional é chamado de reposicionamento; aqui, a atenção é "remendada", como uma peça de roupa.

É como ter um par de jeans azul com um buraco aqui e ali, mas os buracos são remendados, e há uma grande parte de tecido onde não há buracos. Neste ponto, você pode permanecer no objeto, em geral, por trinta minutos, quarenta e cinco minutos, uma hora. Durante esse período, você perde por completo o contato com o objeto ou, de vez em quando, se esquece dele completamente, como resultado da agitação grosseira. Mas você retorna rapidamente, sem se perder por períodos muito longos. O objeto não está perfeitamente claro e ainda existe alguma conversa de fundo, pelo menos de forma intermitente, mas você não perde a atenção por muito tempo.

4. Posicionamento próximo

Com a realização do quarto estado atencional, a atenção constante, sua mente está imbuída de um profundo senso de calma sem perder mais o objeto por horas a fio. Você não perde o objeto, não porque está se agarrando a ele como se disso dependesse a sua vida; em vez disso, você tem estabilidade suficiente para o barco balançar a ponto de sua atenção escorregar e cair no oceano da distração. Você tem agora um lastro muito bom.

Mais uma vez, esse estágio é atingido sobretudo pelo poder da atenção plena e, nesse momento, a agitação grosseira está temporariamente superada. Como desenvolver a estabilidade e aumentar o poder de permanência da atenção plena? Simplesmente praticando. É preciso paciência mais do que qualquer técnica especial: trazendo a atenção plena repetidas vezes. Diz-se que, na quarta etapa, o poder da atenção alcança a sua fruição e atinge seu potencial pleno.[10] É uma prática bastante simples até este ponto, com a única ressalva de que se deve progredir por meio dessas etapas sem perder o relaxamento. Se perceber alguma con-

---

[10] Isto não deve ser confundido com o quarto jhāna, ou estabilização meditativa, descrita na literatura sobre meditação Theravāda, no qual se considera que a atenção plena é levada à perfeição. O quarto estado de atenção chamado de "atenção constante" na tradição budista indo-tibetana implica um grau muito mais primitivo de atenção do que o quarto jhāna.

AS QUATRO INCOMENSURÁVEIS

tração em seu rosto, tensão em seus músculos ou irregularidade na respiração devido ao esforço que está fazendo, você só vai atingir apenas reproduções desses estágios. Mas eles não terão base. Irão desmoronar e, nesse processo, você ficará exausto.

Quando você atinge o quarto estado atencional e a atenção plena se estabelece com bastante continuidade, surge uma grande propensão à lassidão. Esse é o momento em que a introspecção, a monitorização do processo de meditação, se torna especialmente importante. É preciso observar muito de perto, embora de forma intermitente, para ver se a lassidão está surgindo. A tarefa principal no quarto estado, à medida que se dirige para o quinto estado atencional, é livrar-se da lassidão grosseira. A lassidão grosseira ocorre quando a vivacidade da atenção diminui. O remédio é prestar mais atenção. Exerça um pouco mais de esforço para isso, mas esforço demais prejudicará a sua estabilidade e causará turbulência outra vez. É preciso um ato de equilíbrio, baseado em tentativa e erro, para dominar esse estágio. Faça a quantidade certa de esforço para manter a estabilidade e melhorar a vivacidade. Melhorar a vivacidade é como focalizar cada vez mais a lente da sua atenção: uma das características de uma vivacidade maior é ver mais detalhes. No Ocidente, temos uma compreensão da palavra "esforço" diferente do tibetano. Para nós, esforço parece ser uma coisa muito grosseira, mas a intenção desse tipo de esforço é tornar-se cada vez mais sutil.

Ao longo do quarto estágio, você pode sentir que ainda há uma quantidade considerável de ruído mental. Essa não é uma experiência de divagação mental comum, mas parece mais com um foco dividido: você está se concentrando na respiração, mas ainda consegue ouvir uma conversa acontecendo em sua mente ao mesmo tempo. Muitas vezes, é como escutar a conversa de outras pessoas da qual você não precisa participar. Ou pode ter a forma de imagens, como uma apresentação de slides ou um filme que surge perifericamente em sua consciência.

Depois de algum tempo, quando você tiver alcançado uma boa estabilidade, uma imagem mental semelhante a uma visualização espontânea poderá aparecer na área focada por você anteriormente. Com mais frequência, ela assume a forma de uma pequena pérola de luz, ou uma pequena rede, ou bola de algodão, ou teia de aranha de luz. A princípio, surgirá apenas de vez em quando, e você não deve prestar muita atenção: não se preocupe com isso. Aos poucos, ela se estabilizará e surgirá com frequência. Quando ela começar a surgir regularmente, por conta própria, sempre que você se sentar para praticar, é necessário mudar o foco de sua atenção. Mude o seu foco das sensações táteis da respiração para a imagem que surgiu. Essa imagem mental que surgiu naturalmente, ou esse "sinal" (*nimitta*), será seu objeto de meditação até o momento em que alcançar shamatha. Não há um tempo definido para que esse sinal apareça, mas pode começar a aparecer ocasionalmente no terceiro estado atencional.

5. Disciplina

Na transição do quarto estado para o quinto, é particularmente importante não perder a estabilidade ao se buscar uma maior vivacidade, assim como era importante não perder o relaxamento ao aumentar a estabilidade. A ênfase principal do quinto estágio, chamado atenção disciplinada, é aumentar a vivacidade. Agora você realmente começa a enxergar as vantagens desse treinamento atencional e a se deleitar com ele. Chegando ao quinto estágio, você já está livre da agitação grosseira, mas agora sua tarefa é superar a lassidão grosseira. Ao prestar mais atenção ao objeto de meditação, você aumenta a vivacidade da sua atenção, alcançando assim uma maior "densidade" de momentos de atenção plena dirigida ao objeto escolhido.

Alguns dos grandes mestres que comentaram essa prática, como Tsongkhapa, destacam que, no passado, a lassidão nesse estágio foi uma verdadeira armadilha para muitos contemplativos tibetanos. Por falta de um treinamento teórico completo nessa prática, eles alcançam esse estado e o confundem com o *samādhi* porque não se perdem mais do objeto. Mas permanecem em um estado de lassidão grosseira, desprovido da potência da vivacidade. Se um meditante dedicado fizer isso por dez ou doze horas por dia, e durante meses, Tsongkhapa e outros informam que a inteligência diminui.[11] Os resultados cármicos a longo prazo são ainda piores. Por isso, é importante não sucumbir à lassidão, mas reconhecê-la e enfrentá-la: intensificar a vivacidade de sua atenção.

6. Pacificação

O objetivo principal, ao se encaminhar para o sexto estado, chamada de atenção pacificada, é livrar-se de agitação ainda que sutil. No momento em que você atinge o sexto estado, seus sentidos estão bastante retraídos e você recebe muito pouco ou nenhum estímulo do ambiente externo. A essa altura, toda a resistência emocional à meditação já terá desaparecido, e a continuidade de sua atenção está agora muito bem tecida.

7. Pacificação plena

Tendo atingido o sexto etágio, ainda há espaço para melhorias em termos de vivacidade e de superação da lassidão sutil. Quando a lassidão sutil ocorre, o objeto está claro, mas ainda pode ser mais claro: há espaço para aumentar o grau de vivacidade. O que se busca agora é uma vivacidade intensa. É muito fácil ser complacente nesse momento, mas ainda se pode avançar. Quando você supera até mesmo a lassidão mais sutil, atinge o sétimo estado atencional, que é chamado de atenção plenamente pacificada. A essa altura, você provavelmente passou das sensações táteis nas narinas para o "sinal" mental da respiração.

Você ainda precisa da introspecção porque a realização conseguida até esse ponto não é imutável. Problemas ainda podem surgir aqui e ali. Alguma lassidão ou alguma agitação sutil podem ainda surgir de vez em quando. A tarefa da introspecção

---

[11] Veja The Bridge of Quiescence: Experiencing Tibetan Buddhist Meditation, p. 163, e Karma Chagmé, A Spacious Path to Freedom: Practical Instructions on the Union of Mahāmudrā and Atiyoga, com coment. de Gyatrul Rinpoche; trad. por B. Alan Wallace (Ithaca: Snow Lion, 1998), p. 156.

agora é como o trabalho de observar um sonar. É mais provável que não surja um *blip* mas, se surgir, você precisa, de fato, notá-lo imediatamente.

8. Posicionamento unifocado

Quando você alcança o oitavo estado, chamado de atenção unifocada, não há virtualmente nenhum perigo de qualquer tipo de lassidão ou agitação surgir. É necessário um pouco de esforço no início da sessão e, depois disso, a prática segue sem esforço. Você desliza, suavemente, sem precisar muito da introspecção. É muito improvável que surjam problemas. Seus sentidos externos, neste momento, estarão desligados; você não ouvirá nada. Você está trancado para o lado de dentro e permanece assim. Registre os seus períodos. A mente agora deve se acostumar com esse estado, criando um ritmo cada vez mais profundo.

9. Equilíbrio da atenção

Pelo poder de familiaridade com o oitavo estado atencional, você alcança o nono, que é chamado de equilíbrio da atenção. Isso é mais do mesmo. A única diferença é que, no nono estado atencional, você não precisa de nenhum esforço. Você escorrega para o estado meditativo e permanece por horas, tranquilamente. No entanto, o progresso ainda está acontecendo. Você pode pensar que está perdendo tempo, sem fazer nada, embora certamente não seja tedioso. Mas, ao simplesmente permanecer nesse estado, estão ocorrendo transformações. As energias estão se movendo, sendo reajustadas no corpo. Você está recebendo um novo circuito, em certo sentido.

A REALIZAÇÃO DE SHAMATHA

A realização de shamatha implica livrar-se tanto da agitação grosseira e sutil quanto da lassidão grosseira e sutil. Você pode iniciar a meditação sobre o objeto escolhido e sustentá-la indefinidamente, livre de lassidão e de agitação. Sua mente se dirige ao objeto, e os outros sentidos se desligam. Você permanece totalmente atento ao objeto, mas agora isso é feito sem esforço, sem precisar se agarrar com força. É sem esforço porque agora você está além de qualquer necessidade de introspecção, além da necessidade de aplicar antídotos para os problemas. É tão sem esforço quanto um disco de hóquei deslizando sobre gelo sem atrito. Essa ausência de esforço antecede imediatamente o atingimento de shamatha mas, à medida que você se familiariza com esse *samādhi* sem esforço, então shamatha se estabelece.

A realização de shamatha é um evento, e você não ficará se perguntando se aconteceu ou não: inconfundível como o Hino Nacional em um momento específico – é perfeitamente identificável. Ainda que antes disso você esteja totalmente focado no domínio mental, quando o atingimento de shamatha acontece, você sente uma mudança radical no corpo físico. Uma onda de êxtase sem precedentes surge no corpo e na mente. Você pode ter pequenas experiências desse estado antes de atingir shamatha, mas ela surge de uma forma sem precedentes no atingimento de shamatha. Esse êxtase que satura todo o corpo e mente não é muito útil, mas é um indicador claro. Ele diminui, e a mente se estabelece em um estado de estabilidade vívida e muito firme, com um eco daquela felicidade. O corpo também adquire uma qualidade sem precedentes de leveza e maleabilidade. O corpo e a mente estão agora perfeitamente aptos para serem utilizados, sendo que o prazer envolvido não é tão inebriante a ponto de atrapalhar. E, nesse momento, você atingiu shamatha.

A realização de shamatha é realmente possível? Pode não ser factível mas, a princípio, está ao alcance de todos. A experiência de pessoas que fizeram um retiro de um ano em 1988, liderado pelo contemplativo tibetando Gen Lamrimpa, foi muito inspiradora. Isso me dá um alto grau de confiança de que, se utilizarmos uma abordagem bem tradicional, se reunirmos com cuidado as causas e condições, os pré-requisitos e o ambiente, temos a mesma chance de realizar shamatha hoje em dia no Ocidente moderno que os contemplativos no Tibete, quinhentos anos atrás, ou na Índia, há dois mil e quinhentos anos. Eles não dizem que você precisa reunir os pré-requisitos e ser um gênio. Eles apenas dizem: atenda os pré-requisitos, prepare o ambiente adequadamente e aqui está a técnica. É muito direto.

É possível se você se dedicar seriamente e com perseverança. Uma tentativa tímida não funciona. Portanto, dependerá muito do indivíduo e de como ele é orientado, mas se eu não acreditasse nessa possibilidade, não me prestaria a ensinar. Simplesmente não me importo com coisas sobre as quais se pode apenas falar, coisas que não podem ser colocadas em prática e alcançadas.

Ainda que você nunca consiga atingir shamatha, qualquer progresso nesse sentido é valioso. Além disso, qualquer progresso em direção a shamatha também pode ser útil para outras coisas: para o cultivo da compaixão, ou para qualquer outra tarefa que valha a pena. A criatividade se expande muito através desse processo. Os tibetanos não têm uma palavra para criatividade como tal, de modo que esse foi um bônus inesperado desse tipo de prática. A prática também tende a trazer uma qualidade integrativa muito poderosa para a compreensão de si mesmo.

Se você realmente quer alcançar shamatha, há uma receita testada ao longo de muito tempo: simplifique radicalmente a sua vida por um período e pratique de tal maneira que toda a sua vida esteja voltada para a meditação shamatha. Isso foi testado com sucesso muitas vezes, e as pessoas sabem que funciona. Há uma outra abordagem que não está tão bem comprovada, mas pode ser muito interessante. Recentemente, um lama tibetano disse que, em princípio, é possível alcançar shamatha mesmo levando uma vida ativa, mas uma vida ativa bem incomum. Se levar uma vida ativa significar que sua mente está dispersa em meio às suas atividades, turbulenta e ansiosa, movendo-se compulsivamente para o passado e para o futuro, então atingir shamatha não é possível. Se for possível se engajar às atividades com calma e com a presença mental para simplesmente fazer o que precisa ser feito, é possível, em princípio, alcançar shamatha em um modo ativo de vida. Você precisaria reservar períodos durante o dia para a prática de shamatha, sem permitir que suas atividades se tornassem compulsivas, frenéticas ou agitadas. Como abordagem, é mais arriscada: não foi comprovada com muita frequência. Mas, para aqueles de vocês que são mais aventureiros, realizar shamatha em meio a uma vida ativa seria manchete de jornal, uma quebra de paradigma importante para o Darma no mundo moderno. Realizar shamatha até mesmo por métodos tradicionais, em retiro isolado, seria fantástico. Eu adoraria ver vários ocidentais fazendo isso porque poderia trazer uma grande transformação.

Quando recebi treinamento em um monastério tibetano em 1973, as perspectivas eram extremamente assustadoras. Estávamos prestes a começar a aprender, em detalhes, sobre os cinco caminhos sequenciais para a onisciência. O primeiro caminho começa quando você é um bodisatva; ao final, você terá a sua primeira experiência direta da realidade absoluta, sendo que há nove etapas depois disso. Estávamos prestes a embarcar em um programa de treinamento de seis anos para receber ensinamentos detalhados sobre esses cinco caminhos e dez estágios que começam a partir do momento em que você tem uma experiência imediata da realidade absoluta! Era impossível para mim me envolver com esse material experiencialmente. Eu queria uma prática que pudesse de fato fazer.

Quaisquer que sejam as metas que se espere alcançar, é sempre bom voltar àquilo que está ao seu alcance. Quando se tem um modo de vida ativo, as exigências às vezes são pesadas. Enfrento isso em minha própria vida e, sobretudo, quando preciso viajar, é difícil manter uma prática meditativa consistente. Gosto de praticar três ou quatro horas por dia, e é muito difícil fazer isso em aviões ou em grandes deslocamentos. Quando viajo muito, começo a me perguntar se realmente estou chegando a algum lugar na meditação. Mas, então, olho para o que estou fazendo e me pergunto se toda essa atividade vale a pena. E eu acho que sim, todas essas atividades são muito significativas. Nada do que faço é trivial. Tenho muito interesse pela meditação, mas a maior parte das minhas horas de vigília não são dedicadas à meditação formal, e o tempo gasto em atividades é, de fato, a plataforma da minha vida.

OS PRÉ-REQUISITOS PARA ATINGIR *SHAMATHA*

Como podemos construir uma ponte para cruzar o abismo entre nossas vidas ativas e o objetivo de atingir shamatha? Conhecer os pré-requisitos tradicionais para shamatha é um começo muito prático. Mesmo que você não esteja particularmente interessado em shamatha, os pré-requisitos são boas diretrizes para um modo de vida significativo, estável, equilibrado e vigilante.

I. Ambiente adequado

O primeiro pré-requisito é um ambiente adequado. Este é o mais fácil e mundano dos seis: requer apenas dinheiro. Um ambiente adequado é um requisito muito simples, mas, quando se avalia com mais cuidado, também se revela bastante incomum.

Conforme é tradicionalmente definido (o que pressupõe uma situação de retiro), um ambiente adequado é aquele que é silencioso, sem o som de pessoas conversando durante o dia ou cachorros latindo à noite, por exemplo. Deve ser seguro para que você não precise se preocupar com bandidos, assaltantes, cobras, leões, tigres ou elefantes. Deve ser um ambiente limpo e saudável, onde você se sinta confortável. Um lugar onde você se sinta em casa e de que você goste. Você não deveria se sentir em outro planeta, muito menos em um ambiente hostil. Nesse local, as condições básicas devem ser atendidas: comida, roupa e abrigo. Para as pessoas que estão começando como novatos na prática, é melhor não ser completamente isolado, mas também é bom não estar em meio a uma multidão de pessoas. Três ou quatro companheiros seria ótimo. Não deveriam praticar necessariamente na mesma sala, mas próximos. A razão para ter alguns companheiros é poder relaxar, ter uma conversa entre amigos durante os intervalos. O isolamento profundo pode se tornar muito pesado, e alguma companhia ajuda a equilibrar a prática com algum calor humano, uma presença fraterna. Essa é a sua Sanga, a sua comunidade. É muito bom também que haja um lugar onde você possa contemplar um horizonte amplo. Isso significa ter não apenas o céu, mas também uma vista distante na qual você possa focar.

É interessante notar que o Tibete tinha uma população maravilhosamente grande de iogues, uma alta porcentagem: algo naquele ambiente era bem apropriado. Não posso deixar de me perguntar se a alta altitude ajudava. Alguns dos iogues do Tibete tiveram muita dificuldade quando desceram para a Índia. Mas, se você pensa em fazer um retiro na Ásia, talvez deva pensar melhor. Há oitocentos milhões de indianos na Índia, sendo muito difícil encontrar um lugar que seja realmente silencioso. A saúde é sempre uma questão, a comida é uma questão, os vistos são uma questão, as diferenças culturais são uma questão. Como o iogue Gen Lamrimpa afirmou: "Você já recebeu os ensinamentos, por que você simplesmente não volta para casa? É muito melhor meditar na América do Norte do que aqui". Portanto, não é tão fácil encontrar um lugar realmente adequado. Mas é possível se as pessoas têm essa intenção e podem pagar por isso. E os americanos têm sorte nisso: temos muita terra. Eu sonho especialmente com retiros nos grandes e vastos espaços do sudoeste.

O ambiente é tão importante para praticar em uma vida ativa quanto em um retiro. Por breves períodos, vivi em ambientes onde os problemas eram maiores que eu, impedindo que eu conseguisse avançar. Tentei com todas as minhas forças estar à altura do desafio, mas era tão hostil, adverso e desencorajador que não consegui – em poucas palavras, foi isso o que aconteceu. Eu me senti incapaz de lidar com o sentimento de injustiça e ressentimento. Por fim, percebi que não precisava ficar lá. Por que não mudar? Uma simples mudança de ambiente permitiu que a minha mente se sentisse feliz outra vez. Isso pode acontecer com o ambiente em que vive ou com a nossa ocupação. Talvez o seu trabalho seja apenas um lugar detestável de se estar, e envolver-se nesse tipo de atividade em um ambiente assim, durante oito horas por dia, é algo que poderá destruí-lo. Se você estiver se sentindo destruído, é melhor mudar. Naturalmente, ainda haverá questões para lidar, mas você não precisa se sujeitar a desafios além de suas capacidades. O ambiente tem muito a ver com o seu senso de contentamento e satisfação, sendo importante poder se sentir tranquilamente satisfeito.

2. Contentamento

O segundo pré-requisito é o contentamento. Isso significa simplesmente estar satisfeito com o que é dado: atentar-se ao que está presente, em termos da qualidade da sua comida, roupa, alojamento e assim por diante, contentando-se com isso. Em outras palavras, não fantasie sobre todas as coisas que você não tem, mas veja o que você tem e se contente com isso. Isso é algo bem específico e não é um ideal inalcançável.

3. Ter poucos desejos

O outro lado da moeda do contentamento é ter poucos desejos. Claro, você precisa ter alguns desejos: se ficar sem comida, precisará obter um pouco mais. Mas que sejam poucos e simples.

4. Disciplina ética

O quarto pré-requisito é a disciplina ética pura. Isso não significa que você tenha que ser um santo. "Puro" não significa necessariamente que você tenha atingido a disciplina ética perfeita. Os dez preceitos são uma boa matriz: evite matar, ter má conduta sexual, roubar, mentir, caluniar, falar inutilmente, maldade, avareza e visões falsas. Fique atento a esses preceitos e, se você os violar, procure reconhecer o mais rapidamente possível. Reconheça como nocivo e desenvolva a determinação de não se entregar a tal atividade prejudicial no futuro.

5. Ter poucas preocupações

O quinto pré-requisito, ter poucas preocupações, realmente toca a questão de saber se é possível atingir shamatha no contexto de um modo de vida ativo. Tradicionalmente, a maneira de ter poucas preocupações seria simplificar radicalmente o seu estilo de vida. Essa é uma maneira experimentada e testada. Mas é possível ter uma vida mais normal, comprometido em uma ocupação, encontrar pessoas e ainda manter a mente simples? Se for possível evitar que a mente se preocupe compulsivamente com toda uma miríade de detalhes e questões, então, em princípio, pode ser possível atingir shamatha no contexto de um modo de vida ativo. À primeira vista, parece impossível, tomando como exemplo o meu estilo de vida. E, no entanto, em minha experiência, a quantidade de atividade não é realmente a questão principal. Há momentos em que tenho relativamente poucas coisas para fazer e, ainda assim, a minha mente está inacreditavelmente cheia de preocupações, enredada como uma mosca na teia de uma aranha. Há outras ocasiões em que a minha mente está saudável, equilibrada e muito tranquila, embora eu tenha muito o que fazer. Nesses momentos, a mente está simplesmente desimpedida: ela passa de forma adequada de uma coisa para outra e, no final do dia, tudo que precisava ser feito foi feito. Nesse sentido, a mente nunca tem muitas atividades, tem apenas uma atividade: aquilo que ela está fazendo no momento presente. Quando aquela atividade termina, logo está fazendo outra coisa. Mas isso é tudo o que a mente está fazendo. Uma mente como essa não tem uma infinidade de atividades concorrentes; está apenas fazendo o que precisa ser feito. É uma maneira muito prática de viver.

6. Evitar a ideação compulsiva

O sexto pré-requisito é livrar-se completamente da ideação compulsiva, especialmente em relação aos desejos. Essa ideação compulsiva inclui desejos por comidas deliciosas, por sexo, riqueza, fama e assim por diante. Um praticante em retiro descreveu isso de uma maneira muito engraçada. Ele estava indo bem e havia encontrado bastante serenidade na prática; a ideação compulsiva surgia na forma de desejos tolos. No meio do retiro, começou a surgir uma conversa em sua mente: "Talvez eu seja o primeiro ocidental a atingir shamatha. E, se eu conseguir, posso participar do Johnny Carson Show!" Quando nos contou, é claro que ele ria de si mesmo, mas isso é um exemplo de um tipo de ideação compulsiva.

Considero este o pré-requisito mais difícil de todos. Livrar-se da ideação compulsiva completamente é uma tarefa bastante complicada. Mas, muitas das coisas mundanas que inundam as nossas mentes o dia todo não precisam realmente ser pensadas. O que podemos fazer a respeito disso? *Vipassanā*, ou a prática de atenção plena, é especialmente útil para isso. Não precisamos de um foco revestido de ferro ou da concentração unifocada do *samadhī* profundo. Precisamos, no entanto, estar presentes em nossos sentidos, acalmar a mente e trazê-la para o presente. É uma boa prática, e você pode praticá-la em qualquer lugar. Você pode praticar enquanto conversa, enquanto faz comida, enquanto se diverte. Podemos praticar até mesmo em Nova York por curtos períodos de tempo! Esse tipo de meditação não é o mesmo que sentar-se formalmente. É uma presença mais aberta, sem reservas com o mundo. Muitas vezes, quando tentamos focar a mente, especialmente com os olhos fechados, nos perdemos em pensamentos desconexos: sair de casa pode ser o antídoto perfeito. Eu ficava sentado do lado de fora, em uma cadeira, observando silenciosamente algumas abelhas tocando as flores, e eu poderia facilmente me imaginar fazendo isso por uma hora. Mas isso significa prestar atenção, não ficar ali com os olhos turvos e cansados. Na verdade, significa estar muito, muito presente. É uma prática muito benéfica e que nos dá estabilidade. É fácil ver que, se você for realmente bom em observar abelhas em flores, ou observar uma árvore, ou simplesmente caminhar em silêncio, ao passar para a posição sentada em silêncio e ficar presente em seu corpo será algo simples. E, a partir daí, você pode passar a observar calmamente a respiração e prosseguir para a meditação não discursiva.

Quando observo o meu estilo de vida atual, sei que não tenho muito tempo para a meditação formal, embora faça o que posso. Mas consigo cultivar os seis pré-requisitos em um modo de vida ativo. Se um dia eu decidir fazer outro retiro tradicional de shamatha, o retiro irá bem à medida que eu tenha sido capaz de cultivar esses pré-requisitos e que eles tenham se tornado parte da minha vida. Se eu ainda tiver muito trabalho de casa para fazer, pode ser que eu passe um ano inteiro em um retiro de shamatha sem conseguir nada além de frustração. Os seis pré-requisitos não são objetivos do tipo tudo ou nada, estados que você alcança ou não. Em vez disso, à medida que você os traz para a sua vida, ela se torna mais significativa.

OS CINCO OBSCURECIMENTOS
NO CAMINHO DE *SHAMATHA*

Os ensinamentos tradicionais sobre shamatha definem cinco obscurecimentos, ou obstáculos, para se progredir na prática. É útil saber quais são. Se, de repente, você sofrer um grande acidente enquanto cruza a estrada para shamatha, é útil saber com qual parede de tijolos você trombou.

1. Hostilidade

A hostilidade é o primeiro obstáculo, a bagagem que você não pode levar consigo para shamatha. É algo que simplesmente não pode ser sustentado ao mesmo tempo em que se progride no cultivo de shamatha. É muito possível que, quando se senta para praticar, você diga: "Não tem problema; eu não sinto hostilidade, sou feliz". Mas, quando você desce às profundezas da mente, começa a agitar as coisas como um mergulhador agitando a areia no fundo do mar. Se houver um pouco de hostilidade, algum ressentimento antigo persistindo ali, shamatha pode cutucar essa hostilidade e dizer: você está viva ou está morta? E se estiver viva, ela aparecerá e você terá que se livrar dela. Se você se envolver com a hostilidade, será como abrir o cinto de lastro do seu mergulhador e voltar flutuando para a superfície outra vez.

Seria bom se a sua aventura em shamatha fosse a mais descomplicada possível para que você não precise parar repetidamente para fazer mais lições de casa. Essa é uma das vantagens, um dos propósitos, de fato, das práticas de bondade amorosa e compaixão: remover os obstáculos o máximo possível antes da prática de shamatha.

2. Desejo sensual

O segundo obstáculo é o desejo sensual. Isso não quer dizer que entre as sessões você não deva desfrutar dos objetos dos sentidos, coisas como sons, fragrâncias, imagens, os alimentos maravilhosos ou o cenário deslumbrante que você tem. Se, no entanto, durante uma sessão de meditação você começar a desejar essas coisas, esse anseio o deterá em seu caminho. Lembro-me de um retiro em grupo de cinco semanas que fiz com vários monges quando meditava em um monastério. Havia um monge a quem a luxúria intensa era, de algum modo, catalisada pela meditação, e isso era realmente doloroso para ele. Afinal de contas, ele era um monge e não iria agir movido por luxúria, mas isso o atrapalhou e ele teve muita dificuldade.

Então, vá em frente e aproveite o reino dos sentidos, mas reconheça essa fina demarcação entre desfrutar de algo quando ele se apresenta em oposição ao anseio por algo que não está disponível. É possível simplesmente desfrutar de uma refeição e, quando terminar, a refeição estará completamente terminada. Se tivermos um senso de contentamento e simplicidade, isso será suficiente. É uma questão de prioridades, de orientação da nossa vida. Se orientar a sua vida de modo que a gratificação sensual seja uma prioridade – se a felicidade for ter um aparelho de som melhor, um carro mais rápido –, então essa é a pauta da sua vida. Mas essa não é a pauta de shamatha, e você não pode ter as duas coisas simultaneamente. É de fato uma questão de escolha, mas não é uma questão de ascetismo tirânico. O fato é que, se você estiver meditando em silêncio e pensamentos sobre desejos sensuais surgirem e arrastarem a sua mente, adeus shamatha. É algo que precisa ser liberado.

3. Letargia e sonolência

O terceiro bloqueio é a letargia e a sonolência. Mais uma vez, isso não quer dizer que você nunca deva se sentir letárgico ou sonolento; isso seria tolice. Mas, enquanto estiver meditando, se essas qualidades dominarem a mente, shamatha estará fora de alcance. Então, durma bem. Durma o suficiente antes da meditação. Não tente lidar com as duas coisas ao mesmo tempo. É muito melhor tirar uma soneca.

4. Agitação e ansiedade

O quarto obscurecimento consiste em dois obstáculos. O primeiro, a "agitação", é uma forma de turbulência mental que tem o desejo em sua raiz. O segundo obstáculo aqui tem a conotação de ansiedade, especificamente aquela impulsionada pela culpa.

Como no caso dos desejos sensuais, é uma questão de prioridades, de orientação na vida. Existem pessoas que simplesmente orientam sua vida em torno da ansiedade. Se coisas boas acontecem, elas conseguem parar por algum tempo; se coisas ruins acontecem, elas pioram. Há sempre motivos para a ansiedade. Não importa quanto dinheiro você tenha no banco – se tiver medo, nunca terá o suficiente. Se a sua vida for orientada para a ansiedade, existem boas chances de que ela surja de maneira bastante predominante na meditação. Melhor reduzi-las a meros episódios: "Ah, aí está! E lá se foi." Elimine-as ou elas interromperão a sua prática de shamatha.

5. Ceticismo

O obstáculo final pode ser traduzido como ceticismo, mas também tem a conotação de perplexidade, hesitação e incerteza aflitiva. Você provavelmente conhece pessoas cujas vidas são orientadas pela incerteza, que não conseguem realmente se mover em nenhuma direção. São sempre hesitantes, medrosas; não há certezas. Outra vez, se isso domina a vida de uma pessoa, certamente surgirá na meditação e acabará com ela. A dúvida pode ser catalisada através da meditação ou até mesmo ter a prática como foco. Você se pergunta: "Será que eu tenho alguma chance? Vale a pena? Isso faz algum sentido?" Essa perplexidade anda em círculos; a única resposta é "volte para a prática ou desista de uma vez".

Essa incerteza ou ceticismo é muito diferente de um outro tipo de dúvida que é extremamente útil, de fato indispensável para o caminho espiritual: a mente crítica. Algumas ideias se apresentam, mas não acreditamos automaticamente nelas – existe a continuidade de consciência após a morte? Nós realmente temos essa capacidade de compaixão ilimitada? Nós ouvimos as coisas e colocamos à prova: qual é a evidência? Qual é a contra-evidência? A teoria se sustenta? Confira. Esse tipo de dúvida não é um obstáculo, de modo algum. É uma parte vital do cultivo da sabedoria e do discernimento. Se você não tiver esse tipo de dúvidas, você não tem nada além de uma fé tola. O tipo de dúvida que constitui um obscurecimento só nos faz ficar parados, impotentes, sem avançar, dizendo: "Puxa, eu não sei. Não tenho certeza".

A forma mais simples de lidar com os cinco obscurecimentos é orientar a vida em torno deles. Reconheça-os quando eles surgirem. Alguns devem ser liberados completamente: a animosidade não tem nenhuma utilidade. Outros devem ser colocados em seu lugar, sem enfatizá-los: o prazer sensual tem um papel válido a desempenhar, mas não há espaço para o anseio sensual intenso. O fato de não deixar sua vida girar em torno de nenhum desses cinco obscurecimentos coloca você em uma boa posição para realizar a prática de shamatha. Agora, a boa notícia – a própria prática de shamatha é muito útil para eliminar os cinco obscurecimentos. A prática desenvolve progressivamente cinco qualidades mentais que são antídotos muito efetivos para os cinco obstáculos. Essas qualidades são chamadas de cinco fatores de estabilização meditativa, sendo shamatha o acesso, ou o limiar, à estabilização meditativa genuína (*dhyāna*).

OS CINCO FATORES DE ESTABILIZAÇÃO

1. Atenção aplicada

A atenção aplicada é simplesmente o direcionamento consciente da atenção, no qual você se senta e diz à sua mente: "quero prestar atenção neste objeto: concentre-se aqui". A atenção aplicada age como um remédio direto para a letargia e a sonolência. Com a atenção aplicada, agora temos algo para fazer além de nos perdermos na confusão.

2. Investigação precisa

Depois de ter aplicado sua atenção ao objeto, você poderá aprimorá-la examinando-a mais de perto. Isso acontece especialmente quando se tem alguma estabilidade e se consegue desenvolver maior vivacidade. Examinar mais de perto age como um antídoto para o ceticismo. Não há espaço para ceticismo ou incerteza. Os dominós de nossos momentos de atenção ficam bem próximos. Neste ponto, você está fazendo apenas uma coisa: investigando bem de perto, com precisão.

3. Entusiasmo

Após examinar o objeto atentamente, surge o próximo fator de estabilização – o entusiasmo. Ele surge infiltrando-se como interesse: você começa, de fato, a observar com mais interesse. Não é algo inventado, mas flui diretamente do próprio processo. O interesse aumenta. Quanto melhor a sua meditação prosseguir, mais interessante ela fica, até que surge o entusiasmo. O entusiasmo aumenta até se tornar um estado de êxtase, agindo como um antídoto para a animosidade.

4. Alegria

Da crescente progressão do interesse, do entusiasmo para o bem-estar, surge a alegria – uma simples sensação de bem-estar. Essa alegria age como um antídoto para a agitação e a ansiedade. Ela varre tanto a turbulência da mente impulsionada pelo desejo quanto a ansiedade e o remorso surgidos a partir da culpa.

5. Concentração

O Buda declarou: "A mente daquele que é alegre se torna concentrada". Concentração, ou *samādhi*, surge da alegria, quando essa alegria surge não porque você está pensando em algo agradável, não por causa de um estímulo prazeroso mas, sim, da natureza equilibrada da própria mente. E a concentração por fim elimina o último obscurecimento que restava, o desejo sensual. Quando a mente entra em *samādhi*, o desejo sensual desaparece. Não porque você se tornou um grande asceta, mas porque encontrou algo muito melhor do que qualquer coisa que o prazer sensual possa oferecer.

Portanto, a boa notícia é que se você puder, ao menos, não acionar os cinco obscurecimentos para que eles não interfiram na prática de shamatha, a própria prática por fim os eliminará. Quando se atinge shamatha, esses cinco obscurecimentos não surgem mais. Eles não são necessariamente erradicados para sempre mas, como convidados indesejados que foram mandados embora, você fica livre deles por um bom tempo.

A ESCOLHA DE UM OBJETO PARA A PRÁTICA DE *SHAMATHA*

Na tradição tibetana, o objeto de meditação para a prática de shamatha é geralmente uma visualização, por exemplo, uma imagem do Buda, ao invés das sensações táteis da respiração. A visualização é muito importante para a prática tibetana porque ela é quase toda voltada para o Vajrayāna. A visualização e o poder criativo da imaginação desempenham um papel muito importante no Vajrayāna, e a prática tibetana é direcionada para isso desde o início. A consciência da respiração é uma técnica praticada mais comumente no sudeste da Ásia, onde se dá muito mais ênfase à atenção plena do que à imaginação.

Uma das grandes vantagens da respiração como um objeto para shamatha, diferentemente da visualização, é que é muito mais fácil para começar. Para a maioria das pessoas, a visualização requer muito esforço. Você precisa criar o seu objeto em vez de encontrá-lo. Conheci pouquíssimos ocidentais capazes de sustentar uma visualização por um longo período de tempo sem ficarem exaustos. Se você atinge shamatha em uma prática de visualização, a estabilidade e a vivacidade são aprimoradas a tal ponto que o objeto visualizado surge de forma tão clara como se estivesse fisicamente presente. Além disso, a imagem é radiante, e você consegue mantê-la sem esforço por horas a fio sem desconforto físico.

Outro objeto possível para a prática de shamatha é a própria consciência, conforme ensinado nas tradições Mahamudra e Dzogchen[12]. Algumas pessoas acham essa opção muito desencorajadora porque o objeto pode ser muito evasivo; ainda assim, se for possível tomar a mente como objeto, a prática pode ser muito, muito gratificante. Você pode começar com a atenção plena à respiração e, quando a mente se aquietar, retirar sua atenção da respiração e dirigi-la para a própria consciência. Esta não é uma prática de investigação, de *vipassanā*, buscando pelo "eu", mas você está olhando para a própria natureza da consciência. A consciência é um fenômeno, um evento. Quais são as características da consciência que a distinguem de cor, pensamento, emoção ou de qualquer outro evento? Devem existir, caso contrário, não poderíamos ouvir nada, não poderíamos ver nada.

---

[12] Para uma explanação clara sobre essa prática, consulte Natural Liberation: Padmasambhava's Teachings on the Six Bardos, com coment. de Gyatrul Rinpoche; trad. por B. Alan Wallace (Boston: Wisdom, 1998), pp. 105-114.

Mas qual é a qualidade da consciência, em si, em oposição aos objetos da consciência, ou ao conteúdo da mente, aos pensamentos e assim por diante? As qualidades que você procura neste tipo de prática são a experiência de luminosidade e transparência da consciência.

São apenas palavras, é claro, mas o que se pode fazer é começar com algumas metáforas porque a consciência não se compara a nada no universo. Gen Lamrimpa nos dá a analogia mais perfeita que já encontrei: imagine uma nascente de água com um fundo arenoso, cuja água é totalmente pura e clara, iluminada pela luz radiante do sol. Ao meio-dia, a luz do Sol penetra a água, mas não há nada nessa água. Imagine agora um único grão de areia flutuando nessa água. Esse grão de areia, sob essas circunstâncias, parece muito brilhante. A consciência é como a nascente de água: uma de suas características é a luminosidade vívida, e a outra é a transparência. A transparência é o que a torna tão difícil de ser apreendida. Mas, dentro desse domínio transparente, se algo surgir, será percebido de uma forma muito nítida. Essa qualidade de luminosidade está presente mesmo quando não há nada ali, mas o conteúdo, como aquele grão de areia, torna possível ver a luminosidade e a transparência. Assim, seguindo com a analogia, tendo começado com a prática de atenção plena à respiração até alcançar um certo grau de quietude, você pode gerar deliberadamente um pensamento, como jogar um grão de areia na água, tal como, "O que é a mente?" Você poderia perguntar qualquer coisa ou, simplesmente, pensar: "Passe a pipoca", mas aí provavelmente você começaria a pensar em pipoca. Assim, o propósito de gerar um pensamento como este não é começar a refletir sobre a natureza da mente, mas apenas direcionar a sua consciência para esse pensamento e notar, graças à sua presença, a luminosidade de onde ele surge. Você consegue notar o pensamento. Então ele desaparece, como a areia se dissolvendo na água, mas a limpidez e a luminosidade permanecem. Isso leva algum tempo, e é preciso que a mente esteja muito refinada para fazer essa prática. Mas, se você conseguir, abrirá muitas portas.

Esta é ainda uma prática de shamatha: o primeiro passo é shamatha e o segundo passo é o *insight*. O problema é que é muito fácil simplesmente se desorientar. Quando você observa a respiração, sabe qual é o seu objeto e sabe quando se perdeu dele. Quando você pratica shamatha com a própria mente ou com a consciência como objeto, é muito fácil ficar ali sentado com a mente em branco. Sentar-se com uma mente vazia não é a mesma coisa que praticar shamatha com foco na mente ou na consciência, onde também há um objeto, mas ele é extremamente sutil.

Se você atingiu shamatha em um objeto como, por exemplo, a respiração, e tentar atingi-la com um objeto diferente, não será tão difícil como da primeira vez. Se o outro objeto que escolher for mais sutil do que aquele com o qual você atingiu shamatha pela primeira vez, haverá um pouco mais de trabalho a ser feito. Se escolher um objeto tão sutil quanto o primeiro, conseguirá atingir shamatha novamente com pouco ou nenhum esforço.

Fontes bastante confiáveis afirmam que shamatha só poderá ser alcançada se você estiver focando um objeto mental. Se estiver focando um objeto sensorial, como música ou flores, você poderá desenvolver uma excelente concentração. Mas sua concentração não atingirá a mesma profundidade como aquela que se consegue concentrando-se em um objeto mental. É por essa razão que se transfere o foco de atenção da respiração para o sinal mental que aparece à medida que a sua prática de shamatha progride.

PERGUNTAS E RESPOSTAS: SOBRE ATINGIR *SHAMATHA*

PERGUNTA: Quanto tempo leva para uma pessoa normal alcançar shamatha?

RESPOSTA: Se eu conseguisse encontrar ao menos uma pessoa normal, talvez eu conseguisse responder. Se alguém está bem preparado, atende aos pré-requisitos necessários e se dedica à prática em tempo integral, com inteligência e habilidade, em um ambiente propício para a prática, então pode-se atingir shamatha em cerca de seis meses. De um modo geral, se você realmente quer atingir shamatha, é melhor simplificar radicalmente a sua vida, tirar uma parte do tempo e se dedicar à prática de shamatha com exclusividade. Diz-se que se você tem habilidades realmente acentuadas, poderá alcançar shamatha em três meses. Ou, se for menos capaz, mas estiver bem preparado, pode demorar até um ano. São apenas estimativas, é claro. A esse respeito, Atiśa menciona que, se você não atender perfeitamente aos pré-requisitos, entrar em retiro e tentar praticar com absoluta determinação, você poderá passar mil anos meditando e ainda assim não conseguir. Por isso, pode valer a pena dar uma boa olhada nesses pré-requisitos.

Existem muitas variáveis em tudo isso. Sāriputra, um dos principais discípulos do Buda, alcançou não apenas shamatha, mas todas as quatro estabilizações meditativas e as quatro absorções do reino da não forma em questão de dias. Não há como prever quanto tempo levará considerando o que você conscientemente conhece a respeito de si mesmo. Suponhamos que alguém já tenha se tornado proficiente nessa prática em uma vida anterior e tenha nascido na Califórnia. Em vez de ser encorajado a desenvolver shamatha, ele ou ela só aprende a jogar futebol e a resolver problemas de matemática, envolvendo-se em muitas outras coisas que a nossa sociedade nos incentiva a levar a sério. Mas, no entanto, se essa pessoa for apresentada à prática e se dedicar a ela habilmente, com os pré-requisitos adequados, em um ambiente propício, ela poderá levar muito menos do que seis meses.

Com base em que evidência eu faria uma afirmação tão ultrajante de que alguém poderia recuperar uma conquista obtida em uma vida passada? Lama Zopa Rinpoche é um conhecido tulku, ou lama encarnado que atingiu um elevado estado de realização em sua vida anterior. Dizem que quando ele era criança, com dois ou três anos de idade, repetidas vezes ele saía de casa, caminhando, indo em direção a uma caverna acima da vila onde sua família morava, no Nepal. Sua mãe o trazia de volta mas, na próxima oportunidade que surgia, ele fugia de novo para a caverna. Isso aconteceu tantas vezes que sua família acabou perguntando a um lama, conhecido por sua capacidade intuitiva, porque isso acontecia. Eles foram informados de que a criança estava tentando voltar para a caverna onde passou os últimos quarenta anos de sua vida anterior. Assim, reconheceram que essa criança era um meditante nato. Ele se tornou monge por volta dos cinco anos e recebeu um excelente treinamento.

Algumas tendências são muito poderosas em alguns indivíduos, como uma urgência espontânea para se dirigirem a uma caverna. Em seu livro *The Way of the White Clouds*, o Lama alemão Govinda escreve sobre a morte de seu professor Dromo Geshe Rinpoche. É um relato maravilhosamente inspirador. Antes de falecer, ele disse a seus alunos que voltaria e que eles deveriam procurar por ele. Seguindo a tradição, eles deixam alguns anos se passarem e, então, enviam uma comitiva de busca – aguardam o tempo suficiente para que esse ser volte a ter um corpo no ventre de uma mãe, nasça e cresça por dois ou três anos. A localização geral da busca é determinada por presságios ou clarividência. Neste caso, o grupo de busca foi para o sul, para Gangtok, capital de Sikkim. O grupo de monges, viajando disfarçados como se fossem mercadores, andava pela rua quando um garotinho da idade certa os viu chegando. Ele deu uma olhada, correu para casa e anunciou para sua mãe: "Eles vieram me levar de volta ao meu monastério." Os monges ouviram isso e foram conversar com a criança, que os reconheceu. Quando trouxeram o menino de volta ao seu monastério, ele reconheceu as mudanças que haviam sido feitas nos edifícios. Não seria surpreendente se uma pessoa como essa se saísse muito bem nas práticas de meditação porque ela estaria catalisando habilidades que já haviam sido muito bem cultivadas.

PERGUNTA: Você conhece muitas pessoas aqui no Ocidente que atingiram shamatha?

RESPOSTA: Não, desconfio que seja algo muito raro. Mas vamos analisar as razões; se eu simplesmente dissesse que isso é raro, você poderia achar isso muito desanimador. Para começar, é extremamente difícil de se encontrar um ambiente adequado. Um lugar pode parecer um detalhe, mas eu falo disso com muita experiência: se você não encontrar um ambiente adequado, vai ser de fato difícil, se não for simplesmente impossível.

Em segundo lugar, é raro encontrar um professor qualificado nesse ambiente adequado. Fazer um retiro inteiramente por conta própria apenas com um livro seria algo extremamente difícil. Outra razão pela qual é raro é que quase ninguém tenta. Os meditantes tibetanos que conheço estão praticando *tummo* (meditação do calor psíquico), ou Dzogchen, ou Mahamudra, ou Lamrim, mas quase nenhum deles pratica shamatha. É bizarro, mas é verdade. No sudeste da Ásia, todos praticam vipāssana e, na tradição do leste asiático, no zen, também se dedicam a práticas voltadas para a compreensão da natureza da realidade. Shamatha tem uma outra finalidade – cultivar atenção, estabilidade e vivacidade. Assim, nos três grandes ramos da tradição budista, dificilmente alguém pratica shamatha neste momento. No Tibete, no passado, quando a cultura era mais estável, havia um bom número de pessoas que faziam essa prática. As pessoas praticavam uma grande variedade de meditações, sendo shamatha uma delas. Agora é muito, muito raro, mas o Dalai Lama está incentivando os monges a se dedicarem a essa prática outra vez.

Eu não me sinto confortável dizendo que isso não é mais possível simplesmente porque poucas pessoas estão praticando. Se você encontrar um ambiente adequado e um professor adequado, colocando os seus pré-requisitos em ordem, talvez não seja raro. O experimento ainda precisa ser feito. Fizemos uma tentativa pioneira, em um retiro de um ano no noroeste do Pacífico em 1988. Até onde eu sei, essa foi a primeira vez que um retiro assim foi feito no Ocidente. Nós aprendemos muito, e nossos erros não precisam ser repetidos. Se as pessoas realmente seguirem a tradição, que se baseia em uma imensa riqueza de experiências, acho que é muito viável. Essa é uma maneira mais útil de pensar sobre isso do que em termos de quantas pessoas no Ocidente realizaram shamatha até agora.

Mesmo quando é praticada, realizar shamatha é raro. Um dos problemas mais comuns é que as pessoas se esforçam muito. Tanto os tibetanos quanto os ocidentais podem aprender a relaxar mais profundamente e deixar a estabilidade surgir desse relaxamento. Embora isso seja mencionado nos textos, os tibetanos às vezes não enfatizam esse ponto, mas enfatizam a atenção, procurando não se perder do objeto nem por um segundo. Se você está vindo de um espaço muito sereno, e a sua mente já é muito espaçosa, então, provavelmente é um bom conselho. Se não for assim, praticar dessa maneira pode ser um grande problema. Você pode se esgotar e acabar tendo uma fadiga nervosa e, se tentar seguir assim, poderá de fato causar algum dano. Os ocidentais, em particular os americanos, e em menor grau os europeus, parecem muito mais propensos a isso do que os tibetanos. E, agora, até os asiáticos modernos parecem estar tendo dificuldades também.

ALÉM DE *SHAMATHA*

No exato momento em que você realmente atinge shamatha na prática da atenção plena à respiração, o sinal mental da respiração que você usou como objeto da prática desaparece e, em seu lugar, surge um outro sinal mental, muito mais sutil. Ele surge da natureza da própria mente e está intimamente relacionado à respiração. Esse sinal mental recém-surgido agora se torna o seu objeto, se você quiser ir além de shamatha e atingir os estados conhecidos como as quatro estabilizações meditativas. Você passa a observar esse novo sinal e existem técnicas específicas para fazer a transição para a primeira estabilização e seguir adiante. Na quarta estabilização, sua respiração para, e a mente entra em uma serenidade profunda e quase ilimitada. Em seguida, você abandona essa imagem mental e entra no chamado reino da não forma, uma dimensão de espaço ilimitado. Qualquer sensação relacionada aos sentidos físicos já desapareceu há muito tempo. Mais adiante, surge uma experiência de consciência ilimitada e, em seguida, uma experiência do nada. A seguir, o praticante entra em um estado em que não há discernimento e nem não-discernimento.

Essa é uma descrição da tradição Theravāda. Os tibetanos têm uma perspectiva diferente. Em primeiro lugar, parece que a tradição deles não tomou a atenção plena à respiração como veículo por todo o caminho de shamatha por muito tempo. Muitos tibetanos atingiram shamatha, mas usaram técnicas de visualização e meditação sobre a consciência. Além disso, os tibetanos geralmente não têm interesse em alcançar as estabilizações além de shamatha.

No contexto tibetano, no qual a ênfase está no Vajrayāna, não se deseja alcançar a primeira estabilização. Há uma boa razão para isso. Quando se avança para além de shamatha e se alcança a primeira estabilização, o desejo sensual – um dos cinco obscurecimentos para alcançar a estabilização – é temporariamente suprimido por completo. Quer o estímulo seja comida, música, desejo sexual, seja o que for: é como dar uma salada a um leão. E tudo bem se você estiver seguindo a prática do Theravāda. Se você deseja escapar do desejo, você tem meio caminho andado. Agora você só precisa praticar *vipassanā* e será capaz de cortar o desejo diretamente pela raiz.

Por outro lado, no caminho Vajrayāna, o ponto não é suprimir totalmente os seus desejos sensuais. Você certamente não quer ser dominado por eles, mas também não quer eliminá-los. Você quer ser capaz de se expor ao desejo de acordo com a sua vontade, de provocá-lo com o propósito de transmutá-lo. Isso está completamente inserido na prática formal. O praticante gera a bem-aventurança no contexto da experiência sensorial. Por exemplo, enquanto come, ou enquanto ouve um som, ou em um ato sexual, transmuta-se a experiência. Mas, em vez de agir como um mendigo infeliz que procura a felicidade externamente na experiência sensorial, na prática Vajrayāna você permite que a felicidade que vem de uma fonte muito mais profunda sufoque e transmute o prazer da experiência sensual comum. Isso pode ser mal interpretado ou banalizado de muitas maneiras diferentes, mas a questão é trazer a felicidade de um estado muito profundo de consciência à sua experiência sensual e, assim, ela adquire uma qualidade transcendente.

Parece que durante séculos os tibetanos não praticaram as estabilizações meditativas mais elevadas. No entanto, eles se interessam por shamatha, que leva você ao limiar do reino da forma. Contanto que permaneça bem ali no limiar, você tem acesso aos desejos, mas não é arrastado por eles.

Qual seria a vantagem de entrar nesses outros reinos? É uma questão de exploração, mas também ocorre uma purificação. O Budismo Theravāda tem uma abordagem bastante direta em relação à mente afligida por delusão, apego e hostilidade. O objetivo é erradicar totalmente essas aflições, arrancá-las pela raiz para que elas nunca mais surjam novamente. Em outras palavras, é um extermínio completo, e a purificação das estabilizações meditativas tem um valor nessa abordagem.

Outra abordagem, que é comum a todas as tradições budistas, é colocar shamatha a serviço do cultivo do insight; você obtém uma ferramenta absolutamente perfeita para investigar a natureza da realidade. Há toda uma série de disciplinas, modos de exploração e investigação que podem ser usados de maneira aperfeiçoada com shamatha e que são radicalmente transformadores. Você também pode usá-los sem shamatha, mas não tão bem. Ou, pegue essa mente extraordinariamente afiada e aplique-a no cultivo da bondade amorosa e da compaixão. Isso seria imensamente valioso.

Capítulo quatro
Bondade amorosa

A palavra para bondade amorosa em sânscrito é *maitri*, ou *metta* em pali, que está relacionada à palavra "amigo". Uma tradução prosaica para essa palavra é simplesmente "amizade". Em inglês, amizade descreve um modo de comportamento – uma maneira amigável de se comportar. Esse é certamente um componente do significado que pretendemos dar aqui, mas a bondade amorosa é essencialmente uma qualidade da mente, embora, é claro, se expresse em comportamento. A natureza essencial da bondade amorosa é a aspiração de que a pessoa em quem você está focando a sua mente sinta-se bem e feliz. Podemos expandir esse anseio em uma prece que me parece enormemente rica tendo refletido sobre ela ao longo dos anos:

> Que você se liberte da animosidade.
> Que você se liberte das aflições.
> Que você se liberte da ansiedade.
> Que você se sinta bem e feliz.

Tenha em mente que o objeto da bondade amorosa pode ser você mesmo, outro ser humano, um animal, ou qualquer ser senciente. Além disso, a aflição pode ser mental ou física.

Os ensinamentos budistas compilados por Buddhaghosa começam com a prática da bondade amorosa, focando inicialmente nós mesmos. O Buda declarou: "Quem ama a si mesmo nunca fará mal ao outro"[13]. O texto do século V, de Buddhaghosa, é notavelmente pertinente à nossa sociedade porque somos, muitas vezes, peculiarmente afetados por uma baixa autoestima, por autodesprezo e autodifamação. Isso é muito comum, em especial entre os americanos. Pode também ser encontrado na Europa, mas os europeus estão menos sujeitos a esse tipo de aflição do que os americanos. Existem outras culturas, como os tibetanos, a quem toda essa forma de pensar parece totalmente bizarra. Certo dia, quando eu estudava em um monastério em Dharamsala, o abade me disse: "É claro que nunca pensamos ou falamos sobre as nossas próprias falhas; nós só falamos sobre as faltas dos outros." Eu respondi que pensava e falava muito sobre os meus erros; que isso era um grande problema para mim. Ele não acreditou em mim. Pensou que eu estava tentando enganá-lo e não consegui convencê-lo do contrário.

Em certo momento, na terceira Conferência do *Mind and Life*, em 1990, sobre o papel das emoções e estados mentais na cura, a professora de vipassanā, Sharon Salzberg, dirigiu-se ao Dalai Lama[14]. Ela explicou que, ao ensinar a prática da bondade amorosa, começava incentivando os alunos a focarem em si mesmos. Primeiro desenvolvemos a bondade amorosa por nós mesmos, depois por um ente querido, depois por uma pessoa neutra e, por fim, por uma pessoa com quem estamos tendo dificuldades. Expandimos a bondade amorosa em todas as direções, mas começamos por nós mesmos. Ela explicou que isso

---

[13] Udāna 47.

[14] Essa conversa foi registrada em "Healing Emotions: Conversations with the Dalai Lama on Mindfulness, Emotions, and Health", ed. Daniel Goleman (Boston: Shambhala, 1997), pp. 189-196.

parecia indispensável nos Estados Unidos porque a questão do autodesprezo é muito predominante. Se pulássemos esse primeiro passo, a bondade amorosa por nós mesmos, as pessoas continuariam sentindo: "Eu não sou uma boa pessoa, mas espero que você seja feliz". Esse não é um alicerce muito firme. Ela perguntou a Sua Santidade se ele achava que essa era uma maneira viável e importante de começar a prática, abordando os problemas da baixa autoestima entre os alunos, uma vez que poderia ser interpretada de forma equivocada como autocentramento, o que é oposto ao ideal do bodisatva.

Ele a olhou como se ela tivesse acabado de dizer: "Todas as pessoas que eu ensino têm cabeças feitas de queijo verde". Ele entendeu as palavras, mas realmente não sabia de fato do que ela estava falando. E trata-se de um homem que viajou muito, mas quando se encontra com o Presidente, com Senadores, ativistas ambientais e assim por diante, eles estão sempre tratando de suas próprias pautas. Eles não falam sobre sua baixa autoestima. "Você quer dizer que as pessoas realmente não sentem que merecem ser felizes? Elas sentem desprezo por si mesmas?" Sharon disse que sim; e a sala toda ficou em silêncio porque era óbvio que o Dalai Lama estava lidando com um assunto que lhe era estranho. Depois de falar um pouco mais, ele acabou se voltando para os outros participantes, cerca de vinte pessoas, muitas delas ocidentais, e perguntou quantas pessoas haviam sentido aquilo. Todos levantaram a mão. Na cultura tibetana, isso é muito estranho. Como a varíola na Polinésia há quinhentos anos, parece que os tibetanos nunca foram expostos a essa doença.

Sua Santidade fez um comentário final digno de nota. Ele perguntou se, em meio à baixa autoestima, as pessoas ainda assim tentavam encontrar a felicidade. De maneira geral, a resposta é sim. As pessoas tentam, ainda que não se sintam dignas de serem felizes. E, assim, Sua Santidade manteve sua premissa básica de que a compaixão é a emoção básica. Sentimos compaixão por nós mesmos; ela está apenas enterrada sob uma camada superficial de baixa autoestima, de desprezo, de autocriticismo e de culpa. (Nem sequer há uma palavra para culpa em tibetano!) No entanto, mesmo com tudo isso, a autocompaixão se infiltra e diz: "Mesmo assim, ainda quero a felicidade. Ainda quero me libertar do sofrimento". Muitas centenas de discursos sobre o Darma que ouvi dos tibetanos começam com a afirmação de que todo ser senciente busca a felicidade e busca se livrar do sofrimento. Uma verdade tão simples, mas que merece ser destacada, ser trazida ao centro das discussões. Todo ser senciente deseja ser feliz e livre de sofrimento. De maneira nenhuma o budismo diz que isso é errado; em vez disso, este é o ponto de onde nós começamos.

A raiz desse anseio pela felicidade, desse anseio de ser livre do sofrimento, é a expressão fundamental da natureza búdica. Se, por instantes, desviarmos o olhar da miríade de maneiras pelas quais podemos nos afastar do nosso plano – encontrar a felicidade comprando um carro mais luxuoso, ou uma casa maior, ou conseguindo um emprego melhor –, e nos voltarmos ao desejo fundamental de sermos felizes, encontraremos, na própria fonte de nosso anseio pela felicidade, a natureza búdica desejando se realizar. É como uma semente que quer brotar à luz do sol. Às vezes, essa expressão fica terrivelmente contorcida quando queremos ferir alguém buscando a nossa própria felicidade, mas o anseio fundamental é algo a ser atendido.

Há boas razões para acreditarmos, ao menos intuitivamente, se não com base em evidências concretas, que a natureza da consciência é uma fonte de bondade amorosa. Diz-se que a qualidade da natureza búdica é o amor inesgotável que já está ali presente. Em outras palavras, não é preciso obtê-la de alguém, nem de alguma religião ou de algum mestre. Já está lá, porém obscurecida. Portanto, se isso é nosso por direito nato, uma capacidade que trazemos para a vida, então, em vez de enfatizarmos a maneira de cultivar essa maravilhosa qualidade da mente, podemos mudar nossa mentalidade perguntando como podemos parar de fazer aquilo que permite que ela fique obscurecida. Não: "Como posso aprender alguma técnica realmente inteligente, alguma tecnologia de última geração para desenvolver bondade amorosa?" E sim: "Como posso reconhecer o que estou fazendo para sufocar a bondade amorosa que já está latente dentro de mim?"

MEDITAÇÃO: BONDADE AMOROSA POR SI MESMO

O primeiro passo para cultivar a bondade amorosa é dedicar um tempo à meditação discursiva. O que fizemos até agora na prática de shamatha é não-discursivo: estabilizar a mente e cultivar a vivacidade. Por mais valioso que isso seja, pode ser complementado pela meditação discursiva. Quando o Buda disse: "Eu visitei os quatro cantos", ele estava dirigindo a mente dele. Da mesma forma, direcionamos nossas próprias mentes metaforicamente para os quatro cantos, explorando o mundo, nossa própria experiência, nosso próprio passado, as pessoas que conhecemos e as experiências do outro. Mesmo em uma meditação discursiva, isso ajuda a estabilizar a mente. Você pode começar praticando atenção plena à respiração. A postura não é particularmente importante desde que você esteja confortável e estável.

A prática da bondade amorosa começa consigo mesmo. A bondade no contexto budista implica um desejo sincero de que a pessoa, ou o ser senciente, que trazemos à mente, possa se sentir bem e ser feliz. Apenas isso: sinta-se bem e feliz. Que os desejos e anseios dessa pessoa sejam realizados. Que essa pessoa possa encontrar a felicidade. Há infinitas boas razões para começarmos essa prática dirigida a nós mesmos, especialmente na cultura em que fomos criados. Pode ser que nem sempre seja apropriado, mas, para nós, geralmente é.

Começamos com uma visão da natureza da prática: qual é o objetivo da prática, o que ela pode produzir ou pode nos proporcionar. Lembre-se de alguma imagem, como se buscasse uma visão. É muito útil ter uma visão clara do que é o florescimento e a felicidade humana. O que o seu próprio florescimento humano implica? Como você o imagina? Sustentando essa visão, formulamos um desejo de que nós mesmos possamos cultivar essas qualidades por meio da prática. Que possamos avançar e prosperar nesse caminho. Que a nossa prática produza os frutos para os quais foi concebida e nos traga bem-estar, tanto internamente como na relação com os outros. Que possamos nos inspirar a nos dedicar à prática para que esses frutos possam amadurecer.

Podemos também dar pequenos passos para integrarmos o cultivo da bondade amorosa com a prática de shamatha, desejando a nós mesmos os benefícios e bênçãos da prática de shamatha. Podemos deixar que a benevolência desse anseio nos impulsione na prática de shamatha. Há grandes bênçãos que podem ser derivadas da prática de shamatha: a quietude e a sensação de bem-estar que surge da mente; a liberdade da atenção; a sensação de que a mente está preparada para ser utilizada como desejarmos, em vez de nos sentirmos manipulados e maltratados por nossas próprias mentes. Que bênção fazer com que a mente seja um instrumento adequado e que esteja a nosso serviço!

Nós também podemos continuar a meditação na forma discursiva e investigar o papel do ódio no obscurecimento da bondade amorosa. É claro que há muitas coisas que obscurecem a bondade amorosa, mas, de acordo com a experiência do Buda, o adversário número um da bondade amorosa é o ódio. Outro termo para esse inimigo é desprezo, ou ódio temperado com um senso de superioridade: "Você não é apenas desprezível e indigno de qualquer tipo de felicidade ou bem-estar, mas você é absolutamente inferior". É o oposto mais distante da bondade amorosa que se pode imaginar. Sempre que ódio, malícia, desprezo e desdém estiverem presentes na mente, a bondade amorosa não estará. Se a bondade amorosa estiver presente, nenhum desses opostos terá lugar.

Como o ódio influencia as comunidades humanas e as vidas dos indivíduos? À medida que nós mesmos sucumbimos a essa aflição, como ela influencia as nossas próprias vidas? Podemos fazer disso uma prática completamente pessoal, nos lembrando de tudo o que sabemos sobre as nossas próprias vidas e sobre as vidas de outras pessoas, individual, social, globalmente. Quais são os efeitos do ódio? Qual é a sua natureza, a sua qualidade? Apenas observe. Você não precisa aceitar nenhum dogma: confira você mesmo.

Então, veja as alternativas. Pense nos casos em sua própria vida, nas vidas de outras pessoas, das comunidades, em que você pode dizer: sim, houve injustiça e, ainda assim, as pessoas responderam com tolerância, paciência e força. Responderam com coragem, mas sem agressão. Pense na relação entre o ódio e o medo. Tolerância e paciência podem não ser os opostos exatos do medo e da ansiedade, mas certamente são opostos. Erich Fromm disse: "O amor é a ausência do medo", e há muita verdade sintetizada nessa frase tão curta.

Não há nenhuma fraqueza na paciência. É uma qualidade mental muito poderosa, uma qualidade de força e coragem. E essa força destemida é a base para o cultivo da bondade amorosa. Refletir sobre isso prepara o terreno para uma proteção poderosa. Você pode permanecer nela como se fosse uma cidade murada na qual a bondade amorosa pode ser cultivada com segurança.

A prática, dessa forma, passa para o reino da imaginação, abrindo o coração para deixar a bondade amorosa fluir na forma dessas quatro expressões: que eu possa me livrar da animosidade. Que eu possa me livrar das aflições. Que eu possa me livrar da ansiedade. Que eu possa me sentir bem e feliz.

Concentre-se agora na primeira dessas quatro aspirações: que eu possa me livrar da animosidade. Vamos expandir isso: que eu possa me livrar da maldade, do ódio, da aflição, da raiva e da irritação, da violência e do ressentimento. Isso não implica passividade, muito menos simplesmente aceitar toda a adversidade e todas as ofensas. Implica, sim, uma liberdade dessa aflição da mente. Implica a liberdade de responder à adversidade com paixão, com energia, com poder, mas sem essa deformação do espírito humano.

À medida que deixamos essa aspiração fluir: "que eu possa me livrar da animosidade", lembre-se dos tipos de situações que, no passado, provocaram animosidade ou qualquer outra atmosfera de hostilidade. Então, passando do poder da memória para o poder da imaginação, visualize como você poderia responder a situações semelhantes no presente e no futuro. Mas, agora, encontre essas situações com a força da paciência e livre da aflição da animosidade. Traga toda a sua criatividade, a sabedoria da sua imaginação e da sua memória.

Em face da adversidade, quando testemunhamos um acontecimento que é simplesmente terrível, Śāntideva aconselha: "Se há remédio, então, para que serve a frustração? Se não há remédio, então, para que serve a frustração?"[15] Quando reconhecemos, com a nossa sabedoria discriminativa, que não há nada que possamos fazer, ele nos aconselha a, simplesmente, reconhecermos isso, sem nos perturbarmos, sem nos sentirmos infelizes, muito menos furiosos.

Pode ser que você sinta que não quer se debruçar sobre aspectos negativos como esses. Alguns psicólogos defendem que focar até mesmo na ausência de negatividade ainda é focar na negatividade. Do ponto de vista deles, é melhor gastar mais tempo trabalhando com afirmações, concentrando-se em onde você deseja ir, em vez de onde você não quer estar ou naquilo de que gostaria de se livrar. Acho que há valor em ambas as visões. O que é benéfico não é meramente entregar-se à animosidade, à ansiedade ou às aflições, mas, sim, trazê-las à mente porque são parte da realidade da nossa experiência. Vale a pena lembrá-las para imaginar, em nossa própria experiência, como seria responder à adversidade sem animosidade. Como seria? Como seria não se permitir sucumbir a essa aflição? Como seria enfrentar as situações com coragem, com criatividade e com energia?

A ansiedade é um bichinho fedorento e pernicioso. Mesmo quando tudo está perfeito – você pode ter um cônjuge maravilhoso, um bom emprego, um lugar bonito, saúde excelente –, ainda assim, você pode ser totalmente surpreendido pela ansiedade porque talvez algo mude. Na verdade, tudo de fato mudará, o que faz com que a sua ansiedade seja bem fundamentada! Portanto, há sempre boas razões para a ansiedade, mas a ansiedade é sempre uma doença. Nunca, em nenhum momento, é útil. É apenas uma aflição. Como seria enfrentar a possibilidade de perigo, adversidade ou dor sem qualquer ansiedade?

---

[15] A Guide to the Bodhisattva Way of Life, VI: 10.

Por fim: que você possa se sentir bem e feliz. Brinque com a sua imaginação, com a sua criatividade e com as imagens mentais. Que você possa se sentir bem e feliz. O que isso implica? Isso é uma frase. Nós não estamos rezando para que uma frase se torne verdade. Estamos direcionando a mente, direcionando o nosso desejo. Que isso se torne verdade; que assim seja. Qual é a visão que você tem de seu próprio florescimento? Isso é bem pessoal; não há nenhuma fórmula. Está na sua vida dentro do corpo, na sua vida dentro do contexto de sua família, amigos, colegas, trabalho e meio ambiente. Dada a possibilidade de tudo isso mudar, qual é a sua visão de seu próprio florescimento? Traga isso à mente.

Que tipo de pessoa eu seria se florescesse da maneira que desejo? Que tipo de pessoa eu gostaria de ser? A ênfase é bem subjetiva. Em tese, eu poderia ser feliz vivendo nos escombros da região centro-sul de Los Angeles, ou em algum lugar magnífico no deserto. A questão principal é: o que eu levaria para a situação? De que qualidades de consciência e de comportamento eu disporia se florescesse plenamente? Como poderia me sentir bem e feliz?

Por um lado, somos indivíduos e há uma continuidade à medida que nos movemos de um ambiente para outro, de uma comunidade a outra, de uma situação a outra. Por outro lado, também somos seres contextualizados. Não sou apenas um Alan Wallace: sou um Alan Wallace californiano, em uma universidade, parte de uma família. Provavelmente, para a maioria de nós, não é verdadeira a afirmação de que somos simplesmente vítimas do meio em que vivemos; em vez disso, de alguma maneira significativa, nós fizemos escolhas. O que significaria, para mim, florescer no contexto em que eu vivo? Como posso estar bem e feliz nesse ambiente que abraço e aceito? Como eu poderia florescer no momento presente?

Mesmo enquanto estamos no momento presente, estamos em movimento. Por isso, é útil trazer alguns ideais para a meditação. Podem ser ideais sublimes, até mesmo ideais extraordinários e incomensuráveis. Eles também fazem parte da vida presente.

Convide-os a entrar: que eu possa ter uma longa vida para poder realizar esse ideal. Esta também constitui uma parte muito rica da prática de bondade amorosa dirigida a si mesmo.

AMPLIANDO A PRÁTICA DA BONDADE AMOROSA

A bondade amorosa dirigida a si mesmo é um preâmbulo para cultivar a bondade amorosa dirigida a todos os seres. A partir daí, existem diferentes maneiras de começar a explorar o núcleo principal da prática da bondade amorosa, mas uma das maneiras mais utilizadas e verdadeiras é concentrar-se inicialmente em uma pessoa que você admira e ama. Não escolha simplesmente um amigo querido, mas alguém que realmente lhe desperte admiração e respeito pela forma maravilhosa com que leva a vida. Concentre-se nessa pessoa, trazendo-a de forma nítida à mente. Abra seu coração para essa pessoa, da mesma forma que você fez consigo mesmo, desejando que ela possa se sentir bem e feliz. Lembre-se dos desejos e aspirações dessa pessoa e, em seguida, deseje-lhe todo o bem. Que seus anseios sejam realizados. Que ela encontre satisfação. Alguns desses desejos podem ser pessoais, enquanto outros podem ter um escopo mais amplo. Por exemplo, o Dalai Lama gostaria de transformar o Tibete em uma região de paz, sem testes nucleares e sem armas. Espero que esse desejo se realize.

Na fase seguinte, focamos um amigo bem próximo. Mais uma vez, assim como para si mesmo, deseje ao outro: que você se sinta bem e seja feliz. Obviamente, um amigo querido é alguém que você conhece muito bem, então você provavelmente conhece seus desejos e objetivos, suas ansiedades e os ressentimentos que ele nutre. Para aqueles que têm cônjuges, para aqueles que têm filhos, agora é a hora de apreciá-los com bondade amorosa. Que lástima seria passarmos um retiro inteiro desenvolvendo bondade amorosa e nunca pensarmos nas pessoas mais próximas de nós. Com isso em mente, prossiga com as quatro aspirações: que você se liberte de animosidades, de

Bondade amorosa

aflições, da ansiedade; que você possa se sentir bem e ser feliz. Deixe o seu coração se unir ao deles.

A fase seguinte da prática é focar uma pessoa neutra, alguém a quem você de fato não dá muita atenção. Se você soubesse que essa pessoa morreu em um acidente automobilístico, ou que ela ganhou na loteria, a sua mente não seria muito afetada. Se não houver ninguém que se encaixe nessa categoria para você, isso é algo nobre, muito bom. Mas, se existir alguém nessa categoria, concentre-se nessa pessoa. Pode ser uma pessoa que você vê todos os dias atrás do balcão, no mercado perto da sua casa. Foque essa pessoa: "O mesmo que desejo a mim, desejo a você. Você também deseja se livrar do sofrimento. Você também deseja encontrar a felicidade. Que você encontre o que deseja. Que você se sinta bem e seja feliz." Desenvolva essa aspiração. Deixe a bondade amorosa que você sentiu por si mesmo e por seu amigo abraçar a pessoa em relação à qual você se sente neutro.

É claro que, em cada uma dessas dimensões, você trabalha com mais de uma pessoa, repetindo o exercício com vários indivíduos. É uma abordagem realmente saudável porque, ao direcionar a mente para determinados indivíduos, você evita o clichê do amor genérico sem nenhum objeto: "Eu amo a humanidade; o que não suporto são as pessoas".

Há outra versão dessa prática em que você simplesmente dirige a mente para diferentes direções, enviando bondade amorosa para o leste, sul, norte e oeste. Você imagina sua consciência como um raio de luz: "Que todos vocês que moram no sul se livrem da animosidade, das aflições e da ansiedade. Que vocês se sintam bem e sejam felizes." Dessa forma, você preenche os quatro cantos com bondade amorosa. Outra maneira de fazer isso, ao invés de se orientar para as direções cardeais, é focar todos os seres sencientes à sua frente, a cada um dos seus lados e atrás de você. Essa é uma maneira bem direta. É uma prática valiosa, especialmente como um complemento para a prática com indivíduos. Questiono, no entanto, se não há a possibilidade de cairmos na armadilha do "amor" genérico e desengajado se praticarmos apenas dessa forma.

Você pode ver que a prática da bondade amorosa é muito simples e requer pouca explicação. Há mais a ser dito, é claro, sobre lidar com aqueles por quem sentimos qualquer coisa, menos afeição. Quando nos lembramos das pessoas por quem guardamos ressentimentos, nossa hostilidade pode não ser eliminada na primeira varredura. Pode haver algumas coisas profundamente enraizadas e, nesses casos, fazemos a prática repetidas vezes, trazendo mais compreensão, e continuamos trabalhando para eliminá-la.

AS VANTAGENS DE UMA PESSOA LEIGA NA PRÁTICA DA BONDADE AMOROSA

Um dos meus amados professores, o falecido Tara Rinpoche, uma pessoa extremamente afetuosa e também um grande erudito e contemplativo, abordou essa questão no cultivo da bondade amorosa. Tendo sido monge desde criança, ele fez as observações apresentadas a seguir sobre um caminho monástico de cultivo da bondade amorosa, em oposição a um caminho leigo. Para um monge ou uma monja, parte da motivação para se afastar da família e tornar-se um sem-teto é desenvolver a equanimidade, uma imparcialidade com respeito aos que estão próximos e distantes. A ideia é desenvolver um senso de laços familiares igualmente com todos, em oposição às preferências por uma família, pela qual se tem uma responsabilidade especial de proteger e cuidar. Assim, um caminho viável para cultivar a bondade amorosa com imparcialidade é simplesmente eliminar os apegos pessoais. Você se retira fisicamente indo para um monastério. Então, daquele lugar de neutralidade, você desenvolve um senso de laço familiar, de amor e compaixão por todos: por sua própria família e também por todos os outros seres.

Tara Rinpoche afirmou isso para uma sala repleta de leigos, dizendo que há um outro caminho viável que também funciona. Ou seja, a pessoa se casa, talvez tenha filhos e continua sendo um leigo.

Nesse caso, você agora tem uma obrigação especial para com seu próprio cônjuge, que você não tem em relação a outros homens ou mulheres. Você tem a obrigação de cuidar de seus filhos com um cuidado e carinho especiais que você não tem por outras crianças. De fato, se você tratasse seus próprios filhos como trata todas as outras crianças, provavelmente você seria um pai terrível. E esse caminho é o mais apropriado para algumas pessoas porque, ao entrar em relacionamentos íntimos com um cônjuge e com os filhos, há uma chance de a bondade amorosa emergir; em qualquer outra situação isso talvez não acontecesse. Há alguns monges que são muito rabugentos por aí, que nunca se dão ao trabalho de amar ninguém. Tendo sido monge por quatorze anos, em retiro solitário por um bom tempo, posso dizer que quando se vive só por meses a fio, consegue-se um alto grau de controle sobre o ambiente ao seu redor. Você sabe exatamente o quanto de granola ainda tem na lata. Ninguém vai surpreendê-lo, dizendo: "Você comeu toda a granola? E eu?" Você sabe que pode ligar o aquecedor e não precisa pensar se alguém sentirá calor à noite.

Existem prós e contras em ambos os caminhos. Mas, como Tara Rinpoche afirmou, a situação familiar pode despertar o afeto, o calor, a ternura em seu próprio coração para com o seu cônjuge, seus filhos, de uma maneira que nunca havia acontecido. Uma vez que tenha surgido, isso se desdobra em uma amorosidade, intimidade e em um senso de cuidado muito profundo, tão profundo que você pode estar disposto a sacrificar a sua própria vida pelo seu filho. Se você for capaz de sentir esse tipo de bem querer por alguém, isso é uma bênção. Tendo desenvolvido esse senso de laço familiar com a sua própria família, você, então, estende aos outros, desenvolvendo esse afeto em um espectro cada vez mais amplo: "Você também é como se fosse da minha família. Você também é minha irmã". O objetivo é o mesmo mas, nessa abordagem, a bondade amorosa e o afeto vêm antes da imparcialidade. É parcial no começo, mas isso é algo bom.

BONDADE AMOROSA PELOS INIMIGOS

Você possivelmente já suspeita, a esta altura, que o objetivo é ser capaz de direcionar a bondade amorosa, de forma genuína, a uma pessoa por quem naturalmente sentimos hostilidade ou ódio. Essa pessoa seria alguém cujo infortúnio – a perda de um emprego, uma doença ou até mesmo a morte – nos traria um sentimento de satisfação ou de contentamento. Por outro lado, se ouvirmos falar que essa pessoa foi elogiada, ou está se tornando reconhecida, ou está se dando muito bem, a mente fica insatisfeita. As coisas não são como deveriam ser: os bandidos estão ganhando. O Buda se refere a isso, identificando sete aspectos da hostilidade que repercutem em nós. Ele é muito contundente:

> "Um inimigo deseja o seguinte para seu inimigo: 'Que ele seja feio!' Por que isso? Um inimigo não se delicia com a beleza de um inimigo. Mas essa pessoa irada é uma presa da raiva, é governada pela raiva; embora bem banhada, bem ungida, com cabelo e barba aparados e vestida com roupas limpas, ela é feia, sendo vítima da ira. Essa é a primeira coisa gratificante e vantajosa para um inimigo que recai sobre quem está com raiva, seja mulher ou homem. Além disso, um inimigo deseja o seguinte para um inimigo: 'Que ele se prostre de dor!' ... 'Que ele não tenha boa sorte!' ... 'Que ele não seja rico!' ... 'Que ele não seja famoso!' ... 'Que ele não tenha amigos!' ... 'Que depois do colapso do corpo, após a morte, que ele não ressurja em um destino feliz no mundo celestial!'[16]

O Buda prossegue com uma analogia:

> "Como a lenha de uma pira, queimada em ambas as extremidades e chamuscada no meio, não serve como madeira na aldeia, nem como madeira na floresta, assim é a pessoa sobre a qual eu digo... retribuindo a um homem irritado de

---

[16] The Path of Purification, Bikkhu Ñāṇamoli (Kandy: Buddhit Publication Society, 1979), IX:15

maneira semelhante, você será pior do que o homem enraivecido e não ganhará a batalha tão difícil de se ganhar; você mesmo fará a si as coisas que ajudam o seu inimigo; e você será como a lenha de uma pira."[17]

Buddhaghosa comenta que quando você chega a essa fase da meditação, pode não sentir animosidade por ninguém. Isso é ótimo. Nesse caso, você não precisa dessa prática. Mas, se sentir, há algum trabalho a ser feito. No entanto, a prática deve seguir uma progressão. Buddhaghosa recomenda não começar por pessoas que você detesta. Provavelmente seria muito árduo e doloroso, podendo também ser hipócrita. Em vez disso, comece por algo mais fácil e natural: você mesmo. Em seguida, desenvolva bondade amorosa por uma pessoa que você admira, ama e respeita. Depois, direcione-a a um amigo querido e, em seguida, a uma pessoa neutra, antes de começar a lidar com seus inimigos, eliminando a atitude: "Este indivíduo é meu inimigo; essa pessoa não merece felicidade, merece todo infortúnio".

Numa fase posterior da prática, trazemos à mente um indivíduo (ou um grupo de indivíduos) que nos causou diretamente um trauma, algum dano ou infelicidade. O propósito da meditação é nos tornar capazes de oferecer bondade amorosa para eles também. Isso pode ser muito irregular; pode demandar muito trabalho. Pode até levar anos, mas vale a pena.

Uma conduta, quando você vê um bloqueio em seu caminho de cultivo da bondade amorosa, é reconhecê-lo e recuar. Recue e sature a mente ainda mais profundamente com bondade amorosa, onde você sabe que há um campo fértil. Se você estiver trabalhando com pessoas, direcione essa bondade amorosa a um ente querido, a alguém que você admira muito e a si mesmo. Tome assim um impulso e, dessa forma, veja se consegue ficar presente e inundar a sua pessoa problemática com bondade amorosa.

Um ingrediente indispensável para o amadurecimento espiritual é o cultivo da fortitude: poder, tolerância e paciência. É simplesmente impossível tornar-se iluminado sem ter desenvolvido esse tipo de capacidade. Assim como a bondade amorosa, como o insight, como shamatha, a fortitude é mais uma qualidade que precisa ser trazida para a prática. É parte do mosaico do despertar espiritual, sendo um desafio para a maioria de nós, embora você possa ser uma exceção. Assim como um mendigo ou uma pessoa necessitada é um apoio no cultivo da generosidade e da boa vontade – se não houver ninguém que precise de você, como você poderá ser generoso? –, as pessoas que nos trazem adversidades são outro ingrediente indispensável para o despertar. Elas nos auxiliam a cultivar algo de que absolutamente precisamos: sabedoria, tolerância e a integração das duas. Nesse sentido específico, podemos até sentir gratidão. Não force isso rápido demais ou será levado à hipocrisia, mas essa é, de fato, uma abordagem viável em algum momento. Se não for viável nesse momento, se, por enquanto, você não consegue realizar essa prática com alegria, simplesmente reconheça esse fato e deixe estar.

No cultivo da bondade amorosa, podemos encontrar alguns nós remanescentes: pessoas, comunidades ou situações em que simplesmente não somos capazes de sentir bondade amorosa. Parte da mente pode dizer: "Sinto muito, mas eles não merecem". Pensamos, possivelmente, no mal que nos infligiram, ou no dano que causaram a outra pessoa, ou talvez que são simplesmente desagradáveis, cruéis, maldosos ou insuportáveis. Então, o que podemos fazer? A primeira coisa que me vem à mente é um simples comentário que ouvi uma vez, um comentário muito poderoso considerando seu contexto.

Tenzin Choedak era o médico pessoal do Dalai Lama no Tibete no final dos anos cinquenta. Ele era um monge e um excelente médico e curandeiro. Quando o Dalai Lama fugiu do Tibete, esse homem foi capturado pelos comunistas chineses. Por cerca de dezoito anos, ele esteve preso em um campo de concentração, era torturado e recebia comida de porco como refeição. Com a morte de Mao Zedong, eles finalmente o libertaram. Em pouco tempo, ele escapou do Tibete, conseguiu reencontrar o Dalai Lama e, imediatamente, voltou a ser seu médico pessoal. O comentário de Tenzin Choedak, que achei impressionante – e eu simplesmente acredito nele – foi que, durante aqueles dezoito anos, ele nunca nutriu hostilidade, raiva ou ódio contra os chineses.

Seria justificável se ele às vezes sentisse alguma raiva, ou mesmo que tivesse sentido raiva e ressentimento por toda a vida? De uma perspectiva puramente mundana, é claro que seria. Ele não havia feito nada contra essas pessoas, e elas o torturaram por dezoito anos porque ele teve a audácia de assinar um documento declarando que o Tibete não fazia parte da China. Se isso não é raiva justificável, não sei o que seria. Mas se você dissesse isso a ele, esse monge acharia uma tolice. O que isso significa? Existe um câncer justificável? Existe AIDS justificável? Existem tumores cerebrais justificáveis? São doenças. O ódio é uma doença, uma aflição. E nos faz sentir dor.

Existem técnicas de insight que são respostas extremamente úteis ao ódio. São antídotos para uma doença. A maioria desses antídotos envolve o uso de sabedoria para apoiar a compaixão. Quando a compaixão, ou a bondade amorosa, se lançam à frente e encontram obstáculos, é preciso discernimento para atravessar essas barreiras. Para uma pessoa que cultiva a sabedoria, Buddhaghosa sugere que a prática de insight aplicada ao objeto de hostilidade pode ser eficaz na remoção das barreiras.

Uma dessas técnicas é focar uma pessoa que desperta uma reação de raiva ou ódio. Pode ser uma pessoa que lhe deseja mal ou que tenha feito algum mal a você no passado. Buddhaghosa salienta que, à medida que você sucumbe ao ódio, está infligindo danos a si mesmo. Você pode ou não conseguir ferir a outra pessoa, mas assim que a hostilidade surge na mente, você já está se prejudicando e, de certo modo, está cumprindo a tarefa do inimigo. É bizarro, mas é verdade. Portanto, concentre-se nisso.

A hostilidade ou o ódio surgem de maneira obsessiva. Eles se concentram, compulsivamente, nas qualidades negativas ou no comportamento negativo de um indivíduo ou de um grupo de indivíduos. Não percebemos como nos sentimos tomados por essa aflição. Buddhaghosa sugere que olhemos para a maneira como nos sentimos. Como isso nos afeta? Recentemente, os médicos falam com uma frequência cada vez maior sobre os efeitos puramente fisiológicos do ódio e da raiva – sejam eles reprimidos ou expressos, são todos prejudiciais. É uma boa maneira de destruir o seu coração, sem falar no que acontece com o sono, a digestão ou o bem-estar mental. É apenas uma aflição. Então, se não for avassaladora, basta aplicar esse reconhecimento e observá-la.

Voltamos mais uma vez a William James: aquilo em que você presta atenção se torna real para você. Quando a raiva surgir, observe: há uma aflição. Quando o ódio surgir, observe: há uma aflição. Basta reconhecê-la e isso já começará a enfraquecê-la. A questão não é suprimir; trata-se de se desengajar dela. Essa é uma resposta.

O ódio tende a simplificar e a transformar seus objetos em desenhos animados. O ódio, muito raramente, ou nunca, diz respeito a uma pessoa real, com todas as suas complexidades. O ódio não está interessado nas muitas facetas do seu objeto, em toda a história contextualizada dentro de uma família e de um ambiente. Para combatê-lo, uma possibilidade é voltar a atenção para uma pessoa em relação à qual sentimos ódio, examinando se há algo além de qualidades negativas. Existe algum vislumbre de luz? Concentre-se nisso, permaneça presente e comece a abrir a experiência. É como uma fissura em uma rocha. Procure acessar a pessoa e se conectar a ela, não a um desenho animado.

Outra maneira de aplicar sabedoria é trazer consciência ao modo de focalizarmos o ressentimento em um determinado episódio. Em tal e tal data, em tal e tal lugar, essa pessoa fez isso. Sempre que nos lembramos dessa pessoa, esse episódio vem à mente. Ou talvez a mente, com toda a sua inteligência, se dedique a lembrar de outros episódios do mesmo tipo. Sabemos que a pessoa agiu de determinada maneira no passado, assim, extrapolamos as mesmas qualidades ou comportamentos para o presente e para o futuro, até termos uma bolha homogênea de aversão baseada em um único episódio, ou talvez em uma série de episódios.

Bondade amorosa

Buddhaghosa chama a nossa atenção apenas de volta à nossa própria existência. E o que encontramos em nossas próprias vidas, por exemplo, através da prática de shamatha, é que estamos constantemente em um estado de fluxo. Em um momento, o nosso coração está aberto e, quinze minutos depois, estamos enredados em alguma mesquinhez sem importância, em um estado mental totalmente diferente. Você se pergunta, como essas duas atitudes podem estar tão próximas? Mas elas estão, podendo se transformar rapidamente. Aquela pequena mesquinhez fica envergonhada e vai embora, dessa forma, a mente se torna saudável outra vez e, em seguida, surge outra coisa. Todo um fluxo de situações surge continuamente. Às vezes, é não virtuoso, outras, virtuoso. Mas a hostilidade não enxerga esse fluxo. A hostilidade se prende a um episódio ou a alguma faceta da disposição de uma pessoa e, assim, extrapola: essa pessoa é assim; eu sei disso, pela minha própria experiência.

Certa vez, discordei fortemente de uma determinada pessoa. Por incrível que pareça, nunca nos encontramos pessoalmente, mas ele me atacou de uma maneira particularmente desagradável. Eu era bastante sensível na época e doeu muito. Esse sentimento bem difícil surgiu e desapareceu. Provavelmente eu nunca encontrarei essa pessoa, mas sempre que vejo uma foto ou ouço seu nome, esse episódio me vem à mente, porque é tudo o que tenho. Não sei se ele tem namorada, não sei se os pais dele estão vivos. Se ele fosse realmente uma pessoa tão ruim quanto me parece, seus pais o teriam abandonado sobre uma rocha ao nascer e teriam se esquecido dele. Mas, de alguma forma, ele sobreviveu; portanto, deve haver algo mais ali do que sou capaz de enxergar. Esse é um caso clássico. Eu não conheço essa pessoa. Tudo que tenho sobre ele é um curto desenho animado. Estou absolutamente certo de que agora não há nenhum referente à noção que tenho dessa pessoa. Eu tenho uma ideia, mas não há nada que corresponda à minha ideia. Tudo que estou fazendo é criar uma pequena pilha de lixo em meu coração, o que é uma perda de tempo, na melhor das hipóteses.

Por que nós nos apegamos a incidentes como esse? Eles não ajudam a resgatar nada, não trazem nenhum benefício, embora, às vezes, pensemos que sim. Ouvi pessoas tentando defender a raiva como se fosse justificada. Mas, com um pouco de sabedoria, podemos ver que não faz sentido. O ódio não é nem mesmo racional, é pura compulsão obsessiva. O gosto se parece a óleo de fígado de bacalhau, mas não traz benefício algum. E, para superá-lo, basta desgastar o impulso associado a ele, desmontando-o de diversas maneiras.

De um modo geral, começamos a prática de insight buscando o 'eu' com o qual nos identificamos. Nós nos perguntamos: "Quem sou eu? Qual é o referente da minha noção de 'eu'? É o meu corpo, a minha mente, as minhas emoções, os meus sentimentos, a minha vontade, os meus desejos? Todas as opções acima?" E o que descobrimos, logicamente, é que não há absolutamente nenhum referente. A noção do "eu", que normalmente sustentamos, é tão falsa quanto se eu afirmasse ser Napoleão. Essa falsa noção do "eu" pode nem sempre ser operativa, mas, às vezes, está grosseiramente presente. O exemplo favorito disso nos ensinamentos tibetanos é o que você sente quando é falsamente acusado. Suponha que um conhecido o acusasse, com toda a seriedade, de ter lhe roubado a carteira. Imediatamente surge uma percepção do "eu": "Eu não fiz isso!" E o 'eu', nesse momento, é tão grande e evidente quanto um alvo. Mas o que é esse 'eu'? Não é o seu corpo e também não é a sua mente. Não há absolutamente nenhum referente. Não é o conjunto de todas as partes, nem é alguma substância metafísica de fundo, nenhum operador de teclado no cérebro. Esse referente simplesmente não existe.

Assim como não há referente para o "eu" em que nos concentramos quando somos falsamente acusados, da mesma forma, não há um referente da pessoa a quem dirigimos ódio ou animosidade de maneira tão virulenta. Em outras palavras, estamos lidando com pura ficção. Isso não quer dizer que não exista uma base. A delusão normalmente tem uma base. Mas a base não é a mesma coisa que a delusão. A base é apenas o trampolim para a delusão que vai para além da realidade, entrando em seu próprio reino de fantasia.

A prática sugerida usa a sabedoria para superar o ódio. Concentre-se na pessoa ou na comunidade em relação a quem você sente essa hostilidade e depois observe bem atentamente esse indivíduo ou esse grupo. Qual é exatamente o objeto da sua hostilidade? Se descobrir, por exemplo, que seu ressentimento persiste por vinte anos, essa é uma prova bem forte de que o alvo provavelmente não existe. Mas, observe. Onde ele está? Quando você está com raiva de alguém, de que você sente raiva? Do corpo? Você está com raiva dos cabelos, ou de alguma outra parte do corpo? Percorra todos os componentes possíveis e examine cada um deles. O que você descobre é que não há ninguém em casa.

A conclusão que buscamos não é a de que a pessoa não existe. Mas é possível encontrar essa pessoa no corpo, ou em qualquer um dos aspectos da mente – percepções, emoções, intelecto ou vontade? Não. A pessoa deve ser igual à soma total de todos os agregados? Isso é mais discutível, mas acho que uma investigação cuidadosa leva à conclusão de que o todo não é equivalente à soma de todas as partes. Nem as partes individuais, nem a soma total das partes é a pessoa. Isso significa, portanto, que o 'eu' não existe de forma alguma? Não, não significa. Ainda faz bastante sentido afirmar que Janet existe, ou Christina, ou Myron. Esse tema do "não eu", que ouvimos tantas vezes no budismo, não destrói a noção do "eu". Em vez disso, desafia e procura erradicar um conceito muito particular de "eu", uma maneira de perceber esse "eu" que não tem referente. E, quando a mente é tomada pela paixão, seja a paixão da hostilidade, ou o sentimento que responde à falsa acusação, ou muitos outros tipos de paixão, a paixão é frequentemente acompanhada por uma noção do "eu" que não tem referente. Vamos pegar um caso inverso, uma noção de "eu" que tem um referente. Imagine se alguém perguntasse: "Quantas pessoas nesta sala são californianas?" Eu sou. Se a resposta surgir com um leve toque, ela pode ser completamente autêntica, uma noção perfeitamente justificável de quem eu sou em relação aos outros. O que a ideia do "não-eu" refuta não é a de que um californiano chamado Alan existe, mas a de que ele é uma entidade autônoma, que existe separadamente de qualquer tipo de designação conceitual, autossuficiente e independente de qualquer interrelação.

Eu ofereço isso como uma questão a ser explorada. Como exploração é fascinante, mas como dogma é aborrecido. Como exploração, se você alguma vez sentir raiva ou ódio, observe como está vendo o objeto de sua raiva ou ódio e observe como aquela pessoa aparece para a sua mente naquele momento. Observe se essa pessoa surge em sua mente como alguém que está contextualizado, que é multifacetado, que tem uma história e muitas boas qualidades, bem como algumas qualidades ruins. Veja se você consegue perceber a interdependência com o seu próprio contexto: como você traz a sua própria história à sua percepção dessa pessoa. Observe como toda uma teia de inter--relações se torna aparente. E, quando a paixão da hostilidade surge, veja se você ainda está em contato com essa contextualização. Na minha experiência, a hostilidade precisa de uma descontextualização radical para criar um alvo bem firme. Ela precisa de um desenho animado ou de uma piadinha: "Esse cara é um pateta". E isso não tem referente. É uma perda de tempo, um desperdício de energia e não faz tão bem quanto o óleo de fígado de bacalhau.

A resposta final de Buddhaghosa sobre essa questão é muito despretenciosa: quando tudo mais falhar – você aplicou todos os antídotos e ainda sente raiva –, veja se você consegue dar ou receber um presente dessa pessoa. Basta fazer algo de bom para ela, ou receber algo amável dela. Isso pode começar a quebrar um pouco da rigidez em torno dessa pessoa.

Se, em algum momento, você bater de frente com um rochedo em sua prática, recue. Reconheça a dor da própria raiva ou da própria hostilidade. Então, lembre-se de momentos em sua vida em que seu coração estava bem aberto. Todos nós conseguimos recordar ocasiões em que havia um espaço de gentileza em nossa mente, um momento em que oferecemos alegremente o nosso casaco a alguém que estava com frio, sem nem sentirmos que fosse sacrifício. É aí que o coração está realmente aberto. E não significa querer ser bonzinho ou bajulador. Um problema que temos no Ocidente é uma viscosidade enjoativa que envolve a virtude. A virtude genuína não é nada disso. É simplesmente uma sensação aberta e saudável de bem-estar. Nisso reside um poder, uma excelência e uma força. Essa é uma excelente maneira de estar vivo. Lembre-se dessa qualidade de espaço amplo, de bondade aberta, dessa gentileza desimpedida do coração.

O PROBLEMA DA RAIVA JUSTIFICADA

Embora tenha total confiança de que o que acabei de dizer é verdadeiro, sei que não é só isso. Quando vemos algo muito errado no mundo, a agressão e o ódio podem ser a nossa tentativa malconcebida de responder. Vemos algo terrível acontecendo e surge uma paixão mas, quando nossos horizontes se estreitam, não enxergamos as muitas opções que existem. A cobertura da mídia nos mostra miríades de coisas que não são como deveriam ser, e a nossa natureza búdica nos chama genuinamente com paixão e diz: algo precisa ser feito. Mas, à medida que esse chamado penetra em nossa psique, em nosso condicionamento, em nossos horizontes, ele se torna distorcido e, por fim, surge como um grito. Claro que o resultado disso é apenas dor, e não é uma solução. De dentro da nossa visão de mundo limitada, não sabíamos que havia outras opções, outras maneiras de perceber essa onda de energia. O ódio é terrivelmente poderoso, mas uma coisa mais poderosa ainda é a compaixão. Eles vêm da mesma fonte, mas o ódio fica distorcido e deformado. E isso faz com que perca o seu poder, embora possa não parecer. Existem poderes maiores que o ódio – aqueles que emergem da natureza búdica sem qualquer distorção. Esse poder é inimaginável.

Aceitar qualquer mal passivamente é ser conivente com o mal. Existem duas verdades importantes aqui. Talvez o melhor que possamos fazer por nós mesmos seja ganharmos acesso a mais opções. Aristóteles identificou certa qualidade do espírito humano que é a ira, a raiva, que também pode ser traduzida como sagacidade ou espirituosidade. Existe uma impetuosidade, algo flamejante na ira. Aristóteles disse que, se reprimíssemos a nossa ira, diminuiríamos a nossa humanidade. Enfraqueceríamos algo que tem muito valor, algo importante para a nossa plenitude como seres humanos. Aquino, baseando-se em Aristóteles, descreve mais detalhadamente esse conceito. Não devemos suprimir completamente a ira, diz ele, pois sucumbiremos à apatia diante de grandes injustiças.

Mas o que a agressão tem a ver com a iluminação? Absolutamente nada. Ela vai na direção oposta. Porém, brota da mesma fonte. A fonte da ira é a natureza búdica. É uma paixão, uma chama que pode expressar-se igualmente na compaixão, no amor apaixonado ou mesmo na ferocidade, mas sem a distorção perversa do ódio.

Há um lugar para a ferocidade no budismo tibetano, mas essa talvez seja a ferramenta mais perigosa que um ser humano possa utilizar. Eu talvez nem precise explicar porque já existe muita ferocidade no mundo e, pelo menos, noventa e nove por cento das vezes ela é mal-utilizada. Mas não é algo que queremos erradicar para sempre, pois pode haver momentos muito raros em que a ferocidade é a resposta mais eficaz para aliviar o sofrimento, corrigir uma desarmonia ou trazer mais bem-estar ao mundo. Mas a ferocidade é quase sempre mal-utilizada.

Em minha própria experiência pessoal, não consigo me lembrar de um único incidente em toda a minha vida em que tenha expressado raiva e, ao olhar para trás, possa dizer que aquela foi a melhor resposta. Algo foi feito, talvez, mas não foi o ideal. Em todos os casos, alguma outra coisa teria funcionado melhor. Em princípio, acho possível que a ferocidade seja apropriada, mas não confio em minhas próprias limitações. Não confio que minha própria natureza búdica esteja suficientemente manifesta a ponto de permitir que a raiva passe desimpedida quando começar a surgir. Antes de permitir que isso aconteça, gostaria de ter levado esta prática de bondade à fruição, de ter aprendido a não fazer distinção entre amigo e inimigo. Se eu for capaz de manifestar bondade amorosa por meu amigo e por meu inimigo, sem qualquer barreira, não precisarei temer a minha própria raiva. Mas até que essas barreiras sejam removidas, a minha raiva provavelmente causará mais danos do que benefícios.

PAIXÃO E PACIÊNCIA EM RESPOSTA ÀS FONTES DE SOFRIMENTO

Ao testemunharmos o mal, uma resposta apaixonada é apropriada. Responder com indiferença é, em si mesmo, uma aflição. Responder com paixão, em princípio, é uma boa coisa, mas a questão que permanece é: que tipo de paixão? Se a paixão for ódio ou agressão, então não importa se ela é direcionada para uma pessoa ou a uma ação. É simplesmente uma aflição que causa um dano devastador à nossa mente e ao nosso espírito. Conheço pessoas muito inteligentes que se concentraram com todo cuidado no meio ambiente, em questões sociais e assim por diante, e isso pode levar a três coisas que tendem a andar juntas.

Uma delas é o desespero. O que posso fazer sobre o tumulto no centro da cidade? O que posso fazer a respeito dos abusos dos direitos humanos em países distantes? O que posso fazer a respeito dos desastres ambientais? O que posso fazer em relação à camada de ozônio? A lista é tão longa quanto o seu braço e, concentrar-se nisso, pode levar a um desespero enfraquecedor.

Em segundo lugar, podemos dizer: quem está perpetrando tudo isso? De um modo geral, não são os pássaros, não são os chimpanzés, nem os cães e nem os gatos. Não são vulcões nem furacões. Eles causam algum dano, mas não o dano de que estamos falando. Os perpetradores são seres humanos, sendo que isso pode gerar uma feroz sensação de misantropia e um desejo de se retirar: "A raça humana é uma droga. Vou sumir daqui! Quero mudar de planeta".

A terceira resposta é o pessimismo. Desespero, misantropia e pessimismo são aflições dos inteligentes. Hoje em dia parece haver muitos intelectuais que são brilhantes em suas análises sobre a condição humana, mas que sucumbiram ao desespero, ao pessimismo e à misantropia, como uma árvore sendo derrubada. Não quero terminar assim. Não quero me tornar parte do problema. Quando as pessoas olham para mim: "Olhe para ele. Ele odeia todo mundo. Ele é pessimista e está desesperado. Que pessoa infeliz!", eu me torno objeto de desespero, misantropia e pessimismo de outra pessoa.

Então, precisamos sair desse aprisionamento. Não conheço todas as formas, mas uma delas é concentrar-se em nossos próprios corações e mentes, reconhecendo qualquer misantropia ou hostilidade dirigida ao que quer que seja – seja um ato, uma pessoa, uma comunidade, uma raça, um gênero, uma religião, um grupo religioso, um grupo político, não faz nenhuma diferença. É o lado subjetivo da aflição que importa, não o lado objetivo. Precisamos reconhecer: "Aqui está o inimigo da bondade amorosa. Aqui está o inimigo do meu próprio bem-estar e da minha própria felicidade. Aqui está o inimigo do meu próprio amadurecimento espiritual." Este é o Inimigo Público Número Um porque incapacitará a minha busca do despertar espiritual.

Quando prestamos atenção ao próprio evento mental, qual é a qualidade do ódio, do desprezo, da hostilidade ou da agressão? Como nos sentimos? Nós não precisamos de nenhum dogma para isso. Dispomos de nossos sentidos e somos capazes de observar por nós mesmos, a partir da nossa própria experiência. Um aspecto dessa investigação é examinar as nossas próprias histórias pessoais e observar os conflitos mais graves dos quais participamos, em que apenas estar perto de outra pessoa, ou de um grupo de pessoas, era insuportável. O ódio era um elemento que estava presente? Podemos verificar por nós mesmos. Em seguida, expanda a pergunta para outras pessoas que você conhece. Quando vemos duas pessoas com relações cortadas, o ódio é um elemento? Quando as comunidades se dividem, o ódio é um elemento? O objeto é irrelevante; o ódio em si é uma malformação do espírito humano.

Olhando pelo lado negativo, vale a pena reconhecer uma aflição como aflição. Isso é julgamento, mas qualquer médico precisa de bom senso para reconhecer um vírus que irá matar você. Então há uma contrapartida para isso. Claro, estamos indo na direção do cultivo da bondade amorosa. Mas há uma fundação, como uma cidade murada que dará proteção ao cultivo da bondade amorosa. Isso é *kṣānti*, traduzido às vezes como paciência. A palavra paciência, no entanto, pode ter uma conotação de fraqueza, como se você não tivesse a ousadia de responder de maneira viril. Outras facetas de *kṣānti* são tolerância, fortitude e coragem – a capacidade de enfrentar adversidades, sejam nossas ou dos outros, e não esmorecer, não desmoronar. É um estado de mente muito forte.

O Buda disse:

"Não há regra mais elevada, dizem os budas, que a paciência. E não há nirvāṇa mais elevado do que a tolerância. Paciência que exerce força, com forte disposição – é esse que chamo de Brâmane. Não existe nada mais grandioso do que a paciência."

Tolerância ou paciência é a maior proteção para a prática espiritual. É a maior proteção para o seu bem-estar e para o seu próprio florescimento.

Os tibetanos falam de três aspectos diferentes da paciência. Um é estar disposto, por vezes, a enfrentar a adversidade. Há uma certa atitude de simples falta de disposição para enfrentar qualquer tipo de adversidade. Se a adversidade aparece, essa mentalidade se encolhe de medo e sai de cena: "Isso não é confortável, vou tentar escapar." Estou fazendo uma caricatura, é claro, mas, às vezes, parecemos mesmo personagens de desenho animado. Essa qualidade de mente é estéril. Uma mente que se ergue com força para enfrentar uma situação difícil com coragem é muito mais produtiva.

Outro tipo de tolerância se expressa como passividade. Às vezes, diante de agressõess ou insultos, ter paciência significa não fazer nada. Alguém faz uma observação com arrogância, nos coloca para baixo, ou nos fere de alguma maneira e, sem nem pestanejar, apenas deixamos para lá e dizemos: "Não importa".

Um terceiro tipo de tolerância é especialmente importante no caminho da prática espiritual. As adversidades, inevitavelmente, surgirão na própria prática. Não porque você esteja praticando de forma incorreta, mas porque você está catalisando dificuldades e trazendo-as à tona. É como se você estivesse lavrando o solo em um jardim porque deseja cultivar seus vegetais ou flores. Naturalmente, você encontra algumas pedras. Se você não tivesse revirado o solo, as pedras continuariam lá: você não teria que enfrentá-las, mas, também, nunca colheria legumes ou flores. Lidar com as pedras é parte do bom plantio. A prática do Darma é como cultivar o solo. Shamatha, em especial, trará algumas pedras que nem sempre serão agradáveis. Nós trabalhamos com elas e seguimos em frente.

É claro que há momentos em que, diante de uma ofensa, uma resposta além da aceitação, além de dizer "deixa para lá", pode ser apropriada; há casos em que reconhecemos que algo precisa ser feito. E também há momentos em que é melhor para todos os envolvidos se pudermos dizer: "Não importa", e deixar passar. Como podemos saber quando a paciência é a resposta apropriada e não apenas um convite à co-dependência e ao abuso? Śāntideva oferece um princípio prático muito útil. Em seu capítulo sobre a paciência, ele fala sobre lidar com a adversidade como uma situação que desperta uma resposta apaixonada, e sua resposta é: à medida que você percebe que sua paixão, o seu ímpeto irresistível de reagir, é aflitiva ou agressiva, fique quieto até que esse impulso subjetivo tenha diminuído. Não se esqueça do objeto: deixá-lo ir não significa que não seja necessário algum tipo de resposta. Mas não precisa ser uma resposta aflitiva. Como sabemos, respostas assim quase sempre pioram as coisas. Mas algo maravilhoso sobre a mente é que ela não permanece aflita para sempre. Portanto, observe a situação e, quando sua mente não estiver mais aflita, suas qualidades virtuosas e naturalmente mais poderosas estarão à sua disposição. Essa é a hora de se envolver, podendo fazer isso com paixão.

Bondade amorosa

Quando vemos algo terrível acontecendo, a situação exige o melhor de nós. O que é necessário não é a nossa raiva, ou a nossa mágoa, o nosso desespero ou a nossa frustração. Se uma determinada situação exige uma resposta, primeiro deixe a sua mente em excelente forma e, em seguida, retorne com todas as armas resplandecentes. No entanto, serão armas do Darma, livres de qualquer tipo de violência.

ENCONTRANDO UMA QUALIDADE QUE DESPERTE O AMOR

Em sua discussão final sobre bondade amorosa, Buddhaghosa pergunta: "Qual é a causa imediata da bondade amorosa?" A resposta é: encontrar qualidades adoráveis na pessoa a quem você está prestando atenção. Lembre-se agora de alguém que você considera adorável. Pode ser uma pessoa com quem você tem um romance, uma criança ou um amigo querido, ou um professor querido que faria seu coração saltar como um cãozinho ao entrar pela porta, uma pessoa cuja presença é tão encantadora que o simples fato de vê-la desperta alegria. Se você puder sentir isso em um amigo querido, procure encontrar essa qualidade adorável em uma pessoa neutra. E, quando, por fim, você quebrar todas as barreiras, busque essa qualidade em uma pessoa que lhe causou dor.

Encontrar algo que faça você amar é uma ótima chave, até mesmo no inimigo. Tenha em mente que isso não aceita e nem endossa o mal. O ponto crucial aqui é poder fazer incisões precisas, como um cirurgião muito habilidoso, reconhecendo um comportamento perverso que gostaríamos de eliminar, separado da pessoa que está manifestando esse comportamento. O médico pode ser otimista. Existe uma cura: a pessoa não é equivalente às suas ações ou às suas inclinações. Além disso, há algo que podemos sustentar com carinho e afeto. Isso realmente parece ser uma chave mestra capaz de quebrar a barreira final e completar a prática.

AS QUATRO INCOMENSURÁVEIS

Uma maneira de abordar isso é olhar para a pessoa que você despreza e tentar encontrar alguma qualidade que ela é capaz de compartilhar com alguém que você admira e respeita profundamente. Existe alguma coisa nobre a ser vista, qualquer coisa que seja semelhante ao que um verdadeiro ser espiritual manifestaria? Concentre-se nisso: existe algo que você é capaz de amar. O resto é como palha, que será levada rapidamente pelo vento, para benefício de todos. É como se você pudesse ver um pequeno raio de luz vindo de dentro, sabendo que sua fonte é muito mais profunda do que as qualidades desprezíveis que aparecem do lado de fora. Essa luz é o seu foco.

Lembre-se, mais uma vez – aquilo a que prestamos atenção se torna a nossa realidade. E isso se mostra muito verdadeiro nesse tipo de prática. Se fizermos questão de nos concentrarmos nas qualidades negativas de alguém, as boas qualidades dessa pessoa não fazem diferença. Pode ser que tenhamos que vasculhar uma centena de histórias, mas, ao final, sempre conseguiremos encontrar algo negativo em qualquer pessoa. E, se focarmos nessa única história negativa, ignorando as outras centenas de histórias nobres, gradualmente essa pessoa surgirá essencialmente negativa em nossa mente.

Não estou incentivando ninguém a ser ingênuo. Reconheça o que é negativo onde estiver presente, mas reconheça que uma pessoa não é idêntica às qualidades ou aos comportamentos negativos. Procure o que há de bom e foque nisso. Além do mais, focar o que há de melhor e de mais virtuoso em uma pessoa, muitas vezes, pode ajudá-la a manifestar essas qualidades. Pais habilidosos sabem disso (e ser hábil na criação dos filhos me parece uma realização monumental). Se um pai ou uma mãe se concentra continuamente no que é negativo, a criança entende exatamente como ela é identificada. Nós formulamos o nosso próprio senso de identidade com base em como outras pessoas respondem a nós. Se estamos sendo martelados pelos nossos pais, amigos e professores por sermos problemáticos, possivelmente começaremos a construir um senso de identidade como alguém desprezível, mau ou que não é digno de respeito.

A que damos atenção em nossas próprias vidas? Que concepção temos de nós mesmos? O que consideramos importante? Quando pensamos em nossas vidas, que eventos de nosso próprio comportamento, em relação aos outros ou na solidão, se destacam como parte da nossa história? Naturalmente ocorre um processo de seleção porque não conseguimos dar ênfase a tudo. O que enfatizamos se torna a nossa realidade. Aprender a controlar a atenção realmente tem implicações fenomenais. Ao cultivarmos a bondade amorosa por um inimigo, começamos a sentir a sutileza dessa prática e deixamos de repetir os padrões de nos concentrarmos no negativo, tão desgastados pelo tempo.

CONFUNDINDO APEGO COM BONDADE AMOROSA

Nos tradicionais relatos budistas sobre essa prática, há uma referência ao inimigo próximo, bem como ao inimigo distante da bondade amorosa. O inimigo distante, o extremo oposto, é hostilidade ou o ódio. O inimigo próximo surge quando uma emoção afetiva se desvia e se transforma em algo que parece superficialmente como bondade amorosa, mas que, na verdade, é bem diferente. Esse inimigo próximo é o desejo ou o apego autocentrado. A bondade amorosa está interessada em outras pessoas, em outros seres sencientes que, assim como nós, anseiam pela felicidade e desejam se livrar do sofrimento. A distorção mental do apego não está realmente interessada no bem-estar dos outros. Ela olha para objetos desejáveis e diz: Eu quero isso, porque quero ser feliz. Um homem pode olhar para uma mulher e dizer: "Eu te amo", quando o que ele quer dizer é: "Eu acho você muito linda, venha e me faça sentir prazer". Não tem nada a ver com o bem-estar da mulher, embora, curiosamente, em inglês, se use a mesma palavra, "love". "Eu amo sorvete." Me faça sentir prazer: entre na minha boca. É muito fácil perceber o quanto a bondade amorosa pode dar errado quando você considera que sua causa imediata é ver uma qualidade adorável na pessoa a quem você está prestando atenção. É isso que faz com que nos apaixonemos ou formemos esses laços de apego. Não quero dizer que isso seja algo terrível – só não é bondade amorosa. E seria bom não confundir as duas coisas.

Por causa desse inimigo próximo, Buddhaghosa diz que é melhor não focar a prática em uma pessoa do sexo oposto (supondo que seja heterossexual), em especial alguém que você ache atraente. Particularmente, quando você está começando o cultivo da bondade amorosa, essa não é uma boa ideia, pois é um convite ao desejo.

Sendo assim, é sábio proceder devagar ao lidar com o inimigo próximo. Se amamos alguém, em um relacionamento romântico, por exemplo, é comum infundirmos falsas noções sobre essa pessoa, algum grau de reificação em nosso amor e afeição. Em vez de reduzirmos essa pessoa a algo intrinsecamente aversivo, nós a vemos como algo intrinsecamente adorável, encantador ou atraente. Somos capazes de sobrecarregar até mesmo o afeto com certo tipo de ignorância. Isso significa que devemos operar como batedores militares, buscando e destruindo essa delusão? Não se apresse ou poderá jogar fora o bebê junto com a água da banheira. Mesmo quando reconhecemos que a bondade amorosa e a alegria empática podem estar associadas a um certo elemento de delusão que reifica os objetos do amor, é melhor avançarmos passo a passo. É verdade que há mais trabalho a ser feito mas, de modo geral, esse tipo de amor ainda está indo na direção certa. À medida que você se aprofunda e combina bondade amorosa à sabedoria e ao discernimento, um começa a refinar o outro. Por fim, você consegue remover o elemento delusório da bondade amorosa. Trata-se de algo não apenas incondicional, mas de até mesmo um tipo transcendente de bondade e compaixão. Em tibetano isso é chamado de "compaixão sem objeto". É a compaixão mais elevada. Mas, para chegarmos lá, não podemos estar sempre armados contra a reificação do objeto do nosso afeto desde o começo.

PERGUNTAS E RESPOSTAS: INIMIGOS E INSIGHT

Pergunta: Na meditação, quando eu era capaz de sentir amor por um amigo querido, sentia que esse amor também retornava para mim. Mas, quando eu me abria para um suposto inimigo, não sentia nada retornando. Parecia completamente diferente. Mesmo achando que meu coração estava aberto, parecia haver uma parede oculta.

Resposta: O que você está dizendo é um componente bastante universal de nossa experiência. Mas, quando todas as barreiras realmente tiverem sido derrubadas, a bondade amorosa será enviada sem nenhuma expectativa de que algo retorne. Parece razoável esperar que, à medida que progredimos em direção à iluminação e, aos poucos, eliminamos a hostilidade, a agressão e a mesquinhez das nossas mentes, as pessoas gostem mais de nós. Até certo ponto isso é verdade, mas, às vezes, não acontece dessa maneira. Temos um exemplo clássico na vida do Buda. Ele tinha um primo chamado Devadatta que se consumia de inveja do Buda. Sempre que as pessoas buscavam o Buda para receber ensinamentos ou o elogiavam, Devadatta não conseguia suportar. Até sua morte, ele agiu com muita maldade contra o Buda. Ele tentou matá-lo várias vezes e tentou impedi-lo de ser o chefe da Sanga. Portanto, não é verdade que todos gostarão de nós ou nos devolverão amor, mesmo quando estivermos completamente iluminados. Não espere por isso.

Pergunta: Onde a inveja se encaixa em tudo isso?

Resposta: A inveja é um pequeno mutante perverso, uma distorção mental muito confusa. A hostilidade é bastante direta. É fundamentalmente deludida, e não há nada de estranho nisso. Até mesmo o apego é direto. Mas a inveja é uma estranha mistura de hostilidade e apego. A inveja vê algo bom e diz com maldade e hostilidade "não suporto ver que você tem isso" e, então, acrescenta, com apego, "e quero isso para mim." A inveja bate com uma mão e puxa com a outra ao mesmo tempo. Por ser tão bizarro, acaba não funcionando muito bem. Meu sentimento de inveja de seu carrinho fantástico não tira o seu carro de você nem o traz para mim. É ineficaz, e o único resultado é que eu me sinto mal. Não há fim para essas aflições bizarras, mas você pode começar a removê-las, reconhecendo: "Isso, com certeza, é uma aflição. Certamente não presta". Você começa removendo qualquer possibilidade de validação.

PERGUNTA: Os maiores obstáculos para elevar a autoestima parecem ser o julgamento e a autocrítica, e não o desprezo ou o ódio. A maioria de nós parece ser muito mais capaz de criticar a si mesmo do que aos outros. Você classificaria a autocrítica como inimiga da bondade amorosa?

RESPOSTA: Pode ser, mas esse tema traz aspectos sutis que requerem um certo cuidado. Quando você fala de ódio, não há nada de sutil; é uma aflição terrível. Julgamento, no entanto, é um termo que pode ser usado positivamente, como quando exercitamos um bom julgamento. Na tradição *vipassanā*, há um tipo de prática em que você simplesmente observa o que surge, sem qualquer tipo de julgamento. Há valor nisso, havendo também um valor no exercício do julgamento imbuído de sabedoria.

Aqui está o truque. O que nós, nos Estados Unidos, fazemos com o julgamento é nos julgarmos com crueldade. Julgamo-nos como se fôssemos indivíduos inferiores e indignos. Isso não é útil nem sábio. Obscurece a visão. Nós nos transformamos em caricaturas. Um desenho animado é assim: capta apenas uma faceta e a apresenta como uma pessoa. Devíamos pensar melhor; esse tipo de julgamento expressa falta de sabedoria. Temos uma riqueza de experiência e uma riqueza de nuances, variações de quem somos e modos de ser que exibimos, mas a caricatura os torna insignificantes. Esse tipo de julgamento não é sabedoria; julgamento deludido é uma expressão da ignorância.

Por outro lado, existe um modo de julgamento que não julga o "eu", mas se preocupa em reconhecer estados mentais virtuosos e não virtuosos. É como um *chef* na cozinha, que joga fora ingredientes com muitos conservantes, e mantém o que é saudável, tendo em mente que o que comemos faz a diferença. Da mesma forma, digerimos e assimilamos todos os nossos pensamentos e estados mentais, e eles se tornam parte do nosso condicionamento. Existem estados mentais e impulsos que são terrivelmente prejudiciais e, na meditação, podemos aprender a reconhecê-los à medida que surgem. Você pode estar sentado calmamente tomando o seu café da manhã, quando surge um impulso de ódio, de hostilidade ou de desprezo. E, como um mergulhador observando uma bolha subir, você observa esse impulso surgindo. Ele pode simplesmente aparecer; ou você pode dar um passeio com ele e deixar que se desenvolva. Dessa forma, ele se torna como óleo sobre papel – começa a se espalhar pela sua mente e, nesse caso, você terá que viver com isso por algum tempo.

O julgamento, como expressão de sabedoria, não está interessado em julgar o ego. Está interessado em reconhecer quais fatores mentais são virtuosos e quais não são. Quando a hostilidade surgir, o julgamento sábio a reconhecerá: "Aha! Ouvi falar de você! Você é a pior aflição que eu posso sentir. Você destrói completamente a bondade amorosa. Você é o inimigo da minha felicidade, o inimigo das minhas relações com as outras pessoas. Se eu permitir que fique, você destruirá toda a minha felicidade e todas as minhas amizades, e me tornarei uma pessoa completamente infeliz. Eu sei quem você é..." Isso é sabedoria e é também um julgamento saudável.

PERGUNTA: Você mencionou que o "eu" não é a soma ou a configuração de todas as partes. Você pode explicar melhor isso?

RESPOSTA: O todo certamente não é equivalente a nenhuma das partes, mas também não é simplesmente a soma das partes. Todos nós podemos ser rapidamente persuadidos de que nenhuma das partes de nós mesmos é equivalente a nós mesmos. Isso está bem claro. Por outro lado, se você entrar em uma sala e alguém disser: "você está fantástico", você pode, naquele momento, identificar-se com o seu corpo, que é apenas um componente do todo.

Ouvi também pessoas muito inteligentes igualarem a si mesmas a toda a sua história pessoal – tudo o que já pensaram, todos os seus desejos, memórias, imaginação, corpo e comportamento. Essa é uma maneira bastante sofisticada de igualar o "eu" à soma total das partes. O total, é claro, está sempre mudando e ficando cada vez maior.

Seria possível refinar ainda mais o argumento levando em conta a inter-relação entre as partes como um componente adicional do todo. Afinal, não somos apenas uma variedade caótica de agregados sem qualquer princípio organizador. Além disso, podemos pensar em quais poderiam ser os parâmetros ou os limites da soma total, e se esses limites são uma designação mental. Eles são culturalmente condicionados, ou os extraímos da realidade? Eles são como as linhas de um mapa que não aparecem em uma fotografia aérea? Podemos testemunhar passivamente, sem qualquer participação, aquilo que constitui o eu e o outro?

Uma linha de argumentação pode nos fornecer uma posição filosófica confortável que podemos simplesmente ignorar em nossas vidas diárias. Agora eu sei quem eu sou. Tenho agora alguma bagagem filosófica para carregar, sem precisar mudar nada. Mas os ensinamentos budistas têm uma maneira de chamar a nossa atenção para a experiência direta que é extremamente valiosa. Em vez de filosofar, podemos observar, momento a momento, ao longo de todo o dia, à medida que interagimos com outras pessoas, enquanto meditamos, enquanto comemos e nos engajamos em várias atividades – apenas observar, inspecionar, examinar, da maneira mais cuidadosa e clara possível, como eu concebo a mim mesmo a cada momento. Quem eu penso que sou?

Podemos descobrir, mais uma vez, que a mente flutua. Sua consciência é como um governo que é derrubado, golpe atrás de golpe, repetidas vezes. A bondade amorosa assume e diz: sou eu que estou no comando aqui. Então, enfraquece um pouco, e a fome toma o poder: retornarei à bondade amorosa depois do almoço. Às vezes, esses fatores mentais se unem. Por exemplo, a maldade, a mesquinhez e a raiva formam um time que assume temporariamente. Depois, são expulsas e substituídas por alguma outra coisa. Há um fluxo, uma alternância contínua de poder na mente. A mente não é homogênea, não é a mesma de um momento a outro.

Há uma enorme flutuação nesse contínuo de consciência, como também em nosso comportamento e nas situações com as quais interagimos. Podemos descobrir que, às vezes, a nossa noção de identidade, não filosoficamente, mas na experiência real, surge quase por inteiro associado ao corpo. Por exemplo, se alguém nos empurra e reagimos, "não me empurre!", só o corpo foi empurrado; ninguém pode sair por aí empurrando a sua mente. Se a nossa inteligência ou a qualidade de nosso trabalho for insultada, podemos reagir como se tivéssemos sido atacados, seja nos defendendo ou nos deprimindo. Podemos também nos identificar com uma emoção, uma virtude particular, uma ação, até mesmo uma situação em que éramos participantes dominantes.

Explorando as experiências dessa maneira, descobrimos que, em qualquer situação da vida real, o referente do que entendemos por "eu" nunca é a soma total das partes, a história completa de nossa experiência. É sempre algo muito mais estreito. Em qualquer momento, estamos nos agarrando a uma pequena parte. Nesse contexto, a relação das partes, ou o princípio organizador, não está em primeiro plano. Está sem dúvida presente, mas experiencialmente eu não seria capaz de reconhecer um princípio organizador se alguém chegasse e me desse um murro no nariz. Está ali, mas não é com ele que me identifico nesse momento.

Pode ser que nada com que nos identifiquemos seja realmente o "eu". O "eu" é algo que designamos, sendo que nossa noção de identidade pode ter qualquer um dos componentes do nosso ser como base. Se alguém me diz: "Alan, você é uma das pessoas mais altas daqui", eu concordo, e surge a minha percepção do "eu": "sim, eu sou alto". Obviamente, o meu intelecto e as minhas paixões não são altas, nem o meu princípio organizador, e sei que eu não sou o meu corpo. Posso investigar essa noção do "eu" analiticamente, e ele se desfaz. Mas, ainda assim, é verdade que sou alto, e sinto essa identificação. Examinando com um toque bem leve, podemos começar a ver que, sempre que conseguimos apontar o dedo para um rótulo ou identificar algo, existem processos de interdependência, de relacionamento e de designação envolvidos. Mas a designação em si é um criador de realidade, e não simplesmente um observador da realidade.

O ATINGIMENTO DE *SHAMATHA* NA BONDADE AMOROSA

Assim como é possível atingir shamatha com foco na respiração ou em um objeto visualizado, também é possível atingir shamatha no estado de bondade amorosa. Shamatha é uma qualidade muito específica da consciência, imbuída de estabilidade e vivacidade, que pode ter como objeto uma ampla variedade de tópicos. Também é possível alcançar esse grau excelente de estabilidade e vivacidade na bondade amorosa.

Como é possível atingir shamatha com uma meditação discursiva? A prática começa no modo discursivo, mas se torna não discursiva. Tenha em mente o propósito dos conceitos que fazemos surgir na meditação discursiva. Nós trazemos pensamentos à mente na forma de palavras ou imagens: "que você possa se sentir bem e possa ser feliz". Mas a bondade amorosa não é uma refulgência que brota do pensamento em si. Se a bondade amorosa não vem dos pensamentos, então para que servem os pensamentos? Os pensamentos que trazemos na meditação catalisam algo que é muito mais profundo do que o pensamento em si. Sabemos o quanto pensamentos e atitudes, estados mentais podem obscurecer ou suprimir a bondade amorosa internamente e nos anestesiar emocionalmente, como se despejassem concreto sobre a nossa bondade inata. Mas, assim como os pensamentos podem obscurecer, um outro pensamento pode agir como uma britadeira para acessar o que havia sido coberto pelo concreto. É por isso que usamos os pensamentos. Eles não são projetados para criar bondade amorosa; eles talvez não sejam capazes disso. Mas eles conseguem abrir o coração para que aquilo que já está presente possa fluir para a consciência. Outra maneira de entender isso é que os pensamentos funcionam como um modelo: eles têm a forma correta, e os utilizamos para criar um espaço para que algo surja de uma dimensão do espírito humano inteiramente diferente.

A meditação discursiva, utilizando pensamentos, palavras ou imagens, serve para abrir uma porta, mas quando o coração se abre para a bondade amorosa, a técnica discursiva pode se tornar um impedimento. Quando a técnica começa a atrapalhar, você a deixa de lado e descansa na consciência não discursiva. Apenas permaneça em quietude. Há toda uma arte para se encontrar um equilíbrio, mas é nessa meditação estabilizadora e não discursiva da bondade amorosa que a mente realmente começa a mudar o seu eixo, em que uma transformação radical pode ocorrer. É aqui que shamatha se funde com a bondade amorosa e pode realmente atingir grande profundidade. É quando de fato derrubamos as barreiras no cultivo da bondade amorosa.

À medida que você desenvolve uma maior continuidade na prática, descobrirá que esses períodos de meditação não discursiva duram cada vez mais. É um aspecto da prática que mudará qualitativamente, e a sensação de que você está "fazendo uma prática budista" será cada vez menor, sentindo, cada vez mais, que está simplesmente se abrindo para a sua própria bondade interior.

Uma maneira de progredir em direção a shamatha na bondade amorosa é ir além dos indivíduos. Depois de passar algum tempo direcionando a sua prática a indivíduos, concentrando-se no inimigo, quebrando as barreiras que separam suas reações a vários indivíduos, você pode começar a colocar mais ênfase no estágio mais avançado da meditação. Aqui a mente alcança "os quatro cantos", todas as direções, envolvendo todos os seres sencientes. Que todos nós possamos nos sentir bem e sermos felizes, sem exceção. Quando esse pensamento surge, ele catalisa a bondade amorosa. Agora não é mais um pensamento de bondade amorosa, é a experiência real da bondade amorosa. Uma vez que essa experiência esteja presente, é possível sustentá-la. E é isso o que você deve fazer: apenas sustente-a. Seu objeto passa a ser todos os seres sencientes, e você dá sua atenção a esse objeto com bondade amorosa.

É importante reconhecer que o objeto não é o sentimento de bondade amorosa em si, mas os seres sencientes a quem se dirige a sua atenção. Você sustenta a experiência, descansa e, então, se perceber que a sua atenção começa a esvoaçar, traga pensamentos discursivos outra vez, apenas o suficiente para estabelecer a mente e estabilizá-la outra vez. Se achar que a mente está um pouco sonolenta, assim como na prática de shamatha, traga mais luz, um pouco mais de clareza e vivacidade, estabilizando-a novamente. É assim que você avança ao longo de todo o caminho até atingir shamatha.

Se alguém de fato alcançar shamatha em bondade amorosa, provavelmente será por meio dessa prática dirigida a todos os seres. Também se diz que, para alcançar shamatha em bondade amorosa focada em um indivíduo, você deve se concentrar em uma pessoa que esteja viva. Buddhaghosa diz que você não alcançará shamatha se se concentrar em uma pessoa morta. Da mesma forma, não é possível alcançar shamatha em bondade amorosa dirigida a si mesmo. Certamente vale a pena fazer isso, sendo uma base da prática, mas você não conseguirá atingir shamatha com ela. Shamatha em bondade amorosa deve ser dirigida a outra pessoa, ou a uma comunidade, ou a um grupo de seres sencientes.

A realização de shamatha em bondade amorosa acontece simultaneamente ao momento em que "todas as barreiras forem derrubadas". As barreiras são as divisões entre as pessoas de quem eu gosto, as pessoas a quem eu sou neutro, e as pessoas de quem eu não gosto – em outras palavras, as distinções que faço entre as pessoas que eu quero que sejam felizes, aquelas com quem não me importo e aquelas que eu gostaria que fossem atropeladas por um caminhão. Shamatha é atingida quando essas barreiras são completamente eliminadas.

Um teste para isso é ensinado nos sutras como um exercício mental: Imagine que você está com três pessoas, um de seus amigos mais queridos, alguém que você acaba de conhecer casualmente e uma pessoa contra quem você nutre o mais profundo ressentimento. Uma pessoa vem e diz a você: "Eu vou matar um deles e você vai escolher quem eu vou matar". Obviamente, se você escolher o seu inimigo, significa que você não quebrou as barreiras. Mais interessante ainda – Buddaghosa diz que, se você se oferecer para ser morto, significa que ainda não quebrou as barreiras. Isso implicaria que você se preocupa com os outros, mas o campo ainda não está nivelado. Se todas as barreiras tivessem desaparecido, você não responderia porque não teria nenhuma preferência. Sua escolha é não escolher: "eu não vou jogar esse jogo". Quando tiver atingido esse ponto, você terá alcançado shamatha em bondade amorosa.

Buddhaghosa descreve os benefícios de alcançar shamatha em bondade amorosa.[18] Vou compartilhá-los com você, não como uma recompensa; mas, sim, em reconhecimento de que os benefícios são experienciados não apenas por um em um milhão de pessoas que alcançam o objetivo final, mas, em graus variados, por qualquer pessoa que faça algum progresso na prática.

Entre os benefícios de se derrubar todas as barreiras, o Buda declara: "Nessa condição, dorme-se confortavelmente". Em vez de dormir desconfortavelmente, virando, revirando e roncando, você adormece como se estivesse entrando em uma profunda meditação. Portanto, a bondade amorosa é um antídoto para a insônia. Em segundo lugar, "desperta-se confortavelmente". Em vez de acordar em desconforto, gemendo, bocejando e se revirando, a pessoa acorda sem se contorcer, como um lótus desabrochando. Além disso, "não se tem sonhos ruins". A pessoa tem apenas sonhos auspiciosos, "como se estivesse venerando um santuário, como se estivesse fazendo uma oferenda, como se estivesse ouvindo o Darma. Não se tem sonhos ruins como as outras pessoas, como se estivesse cercado por

---

[18] The Path of Purification, IX: 60-76.

bandidos, como se estivesse sendo ameaçado por feras selvagens, ou caindo de abismos". O quarto benefício é que "a pessoa é querida pelos seres humanos", tão querida e amada "como um colar pendurado no peito, como uma coroa de flores que adorna a cabeça".

A pessoa é também "querida pelos seres não humanos". De acordo com todas as culturas, com exceção da nossa, o nosso planeta é ricamente povoado por seres não animais e não humanos. Nós somos o único povo que pensa que os humanos e os animais são os únicos seres sencientes na terra. Todos os outros povos acreditam que há uma população muito mais rica, incluindo seres como devas e nagas, espíritos de árvores, espíritos da terra, espíritos das montanhas e uma variedade de outras criaturas. Não há nada de sobrenatural nisso; eles são nossos vizinhos.

"Fogo, veneno e armas não afetam a pessoa" que alcançou shamatha em bondade amorosa. Também ouvi isso de muitas outras fontes tibetanas: que há um extraordinário poder na bondade amorosa com ramificações físicas reais. A história de Milarepa e do caçador é um exemplo disso: Milarepa estava meditando em uma caverna, no alto das montanhas do sul do Tibete. (Ele morou em muitas cavernas porque não queria se apegar a nenhuma delas; algumas ainda podem ser visitadas) Um caçador estava perseguindo um cervo com seu cão de caça, e Milarepa os ouviu. O cachorro uivava, e o cervo corria para salvar sua vida, perseguido pelo caçador que atirava flechas com seu arco. Milarepa imediatamente meditou sobre a bondade amorosa, dirigindo sua extraordinária bondade ao cervo, que correu diretamente em sua direção e se deitou ofegante ao seu lado, quase morto de exaustão. E, claro, o cão chegou logo em seguida, enlouquecido pela perseguição. Milarepa permaneceu ali sentado, enviando bondade amorosa para o cão. O cachorro subiu calmamente a colina e deitou-se ao lado do cervo. Por fim, chega o caçador – ele vê aquele homem magro, vestido com um pequeno pano de algodão, no topo da colina, com seu cachorro e seu cervo descansando juntos ao lado dele.

Bondade amorosa

O caçador, muito irritado, pega uma flecha e tenta atirar em Milarepa. A flecha se desvia e passa longe do alvo. Milarepa praticava bondade amorosa, e as flechas mudavam de trajetória em pleno ar. Se Newton estivesse observando aquilo, talvez tivesse voltado para a tábua de desenho. Por fim, Milarepa medita sobre a bondade amorosa direcionada ao caçador, que se ajoelha e pede a Milarepa que lhe dê ensinamentos.

O benefício seguinte é muito pertinente ao cultivo de shamatha em geral: "a mente se concentra com facilidade". Passa a ser muito fácil entrar em samādhi profundo de qualquer outro tipo que você desejar. A mente de quem se estabelece na bondade amorosa concentra-se rapidamente, sem demora. Logo, "a expressão do rosto da pessoa é serena... como uma fruta de palmeira desprendida de sua haste". Além disso, "a pessoa morre livre de confusão". A pessoa morre sem delusão, como se estivesse adormecendo. Por fim, "quando a pessoa parte desta vida, ressurge em um mundo de Brahmā, como alguém que desperta do sono". Esse é um mundo de devas, um mundo celestial de seres de luz.

O Dalai Lama está incentivando os seus monges a desenvolver shamatha. É claro que existem muitas razões tradicionais para se fazer isso, mas a razão que ele mais enfatiza é realmente prática: na medida em que conseguimos desenvolver shamatha, a nossa mente se torna útil para o cultivo do amor e da compaixão. Torna-se útil para bodicita, a aspiração de atingir o despertar mais elevado para o benefício de todas as criaturas. À medida que você avança na prática, a relação com a bodicita fica evidente. Ao experienciar essa sensação mais profunda de bem-estar, de serenidade interior, é muito mais fácil estender a bondade amorosa aos outros. Ao contrário, se a sua mente está repleta de ansiedade, ou completamente presa em seus próprios problemas, fica muito mais difícil. Shamatha lhe dá liberdade, lhe dá espaço, sendo uma plataforma muito fecunda para o cultivo da bondade amorosa de maneira muito profunda.

Capítulo cinco
Compaixão

O termo sânscrito *karuṇā* é em geral traduzido como compaixão, mas etimologicamente significa simplesmente bondade. Ao sentir bondade por você, não quero que você sofra. Implica em se importar intensamente com o sofrimento dos outros como se fosse o seu próprio sofrimento.

Assim como a bondade amorosa é o coração que anseia pelo bem-estar de si mesmo e dos outros, a natureza da compaixão é também um anseio sincero: "Que possamos nos livrar do sofrimento e das fontes do sofrimento". A compaixão dirigida a si mesmo é o desejo: "Que eu possa me livrar do sofrimento e das fontes do sofrimento". A compaixão é o complemento perfeito da bondade amorosa. Eles se encaixam perfeitamente como os símbolos *yin* e *yang*. Para que a bondade amorosa exista, você precisa ter compaixão e vice-versa. Quando você experiencia bondade amorosa ao desejar: "Que você se liberte das aflições", a compaixão já está presente. A bondade amorosa que não tem essa semente de compaixão é infundada. Mas o sabor da compaixão é diferente do sabor da bondade amorosa porque se concentra mais nos seres sencientes que sofrem do que nos seres sencientes que encontram alegria.

A diferença entre a bondade amorosa e a compaixão é muito simples e clara. A bondade amorosa, em certo sentido, lida com potencialidades. Ela tem uma visão. Não está simplesmente informando sobre as aparências. Ela está atenta à realidade, mas com uma visão do potencial que é possível: que você se sinta bem e seja feliz, ainda que agora não se sinta assim. Que você seja feliz porque o potencial está aí. A bondade amorosa dá vida a essa visão em sua imaginação. Ela vê as pessoas experienciando o bem-estar e vê a fonte desse bem-estar.

Por mais que ansiemos pela felicidade de outra pessoa, felicidade essa que nunca foi experienciada, as pessoas, às vezes, parecem se transformar em pequenos insetos humanos. Elas se fecham em uma bolinha contorcida e sofrem, com uma visão muito limitada e emoções muito distorcidas. A bondade amorosa imagina como as pessoas poderiam desabrochar como um lótus e experienciar a felicidade que transcende tudo o que elas possam ter sentido no passado. A bondade amorosa vê mais do que aquilo que testemunha.

A compaixão testemunha um ser, humano ou não, em sofrimento. Reconhecer o sofrimento leva ao anseio de que esse ser se livre desse sofrimento. Ainda há uma visão; a compaixão se concentra no fato de que ninguém precisa sofrer dessa maneira. É possível encontrar a serenidade, a equanimidade, a tranquilidade e o equilíbrio da liberdade. A compaixão deseja: que você se liberte do sofrimento e das fontes do sofrimento. Ela observa o sofrimento e as fontes do sofrimento que estão presentes, sustentando a visão de que esse sofrimento não está indelevelmente entrelaçado com a sua existência. Você tem o potencial para ser livre. Que você possa ser livre.

Dizendo de maneira mais simples: a bondade amorosa se concentra no lado positivo e a compaixão aborda o lado negativo.

Nós discutimos anteriormente quais são os inimigos – próximo e distante – da bondade amorosa: o apego autocentrado e a hostilidade. A compaixão também tem um inimigo próximo e outro distante. O pesar é o inimigo próximo da compaixão. Quando a compaixão vai mal, ela sucumbe ao pesar. O pesar tem uma qualidade pesada, como o próprio nome diz, sendo diferente da tristeza, que pode ser passageira. Há tanta coisa no mundo que exige a nossa compaixão que, se algo der errado, um estado contínuo de luto pode se instalar. Pode parecer compaixão, mas é só o seu inimigo próximo. Não é propriamente maldoso ou perverso, mas é um fardo mental. Podemos achar que isso é compaixão – importar-se tanto com aqueles que estão sofrendo –, mas, na verdade, o que aconteceu foi que o pesar o incapacitou. Você caiu em um oceano escuro e sem fundo. O objeto da sua dor se tornou a sua única realidade, consumidora e opressiva. Praticamente não existe nenhuma fresta nesse foco de atenção, quase nenhuma luz consegue penetrar, e isso é totalmente incapacitante.

Sua Santidade o Dalai Lama teve muitas chances de lidar com esse tipo de pesar, e ele fala disso como um guerreiro. Você precisa lidar com a adversidade, afirma ele, mas não caia no desespero. Isso é a pior coisa que você pode fazer. Dessa forma, a batalha estará perdida; você estará derrotado. E lá está ele, responsável por seis milhões de tibetanos cujo país foi ocupado por um invasor. Mas ele sempre diz: nós vamos voltar. O Tibete será livre, nunca duvide disso! Não importa as chances que temos; não se desespere.

O inimigo distante da compaixão é a crueldade. Assim como a hostilidade representa o pensamento "que você não encontre a felicidade", a crueldade deseja: "que você realmente sofra". É tão óbvio que talvez nem precise ser dito que, se esse desejo está presente na mente, é absolutamente impossível que a compaixão esteja presente ao mesmo tempo. E o inverso também é verdadeiro: se a compaixão estiver presente, a presença da crueldade será impossível.

A crueldade é um estado de espírito profundamente deludido. É provável que todos nós, pelo menos por alguns momentos, já tenhamos experienciado a crueldade: querer de fato ver alguém sofrer. Não precisa ser tão extremo quanto o sentimento: "espero que você seja destruído", mas apenas "espero que você sofra". Pode ser amplo, ou pode ser bastante limitado, mas é óbvio, se prestarmos atenção, que o estado mental da crueldade é imediatamente doloroso sempre que surge. Não há felicidade alguma nele. As pessoas que torturam outros profissionalmente desumanizam suas vítimas e justificam suas próprias ações como se servissem a um bem maior. Eles, de alguma forma, distorcem a própria visão de mundo; acreditam que estão, de fato, fazendo algo bom e que, portanto, podem operar sem impedimentos. É terrivelmente difícil, se não impossível, desumanizar outra pessoa sem se desumanizar. Lembro-me da história de uma pessoa em um campo de extermínio nazista que era encarregada de garantir que todos entrassem na fila em direção aos chuveiros. Ele ficava irritado quando as pessoas se desorganizavam e reclamava: "por que vocês trazem esses problemas para a minha vida?"

Como você responde quando presencia, sem piscar os olhos, o sofrimento e a maldade pura? A raiva surge facilmente, mas você pode ver como ela faz com que o seu próprio espírito se contorça. Existe alguma maneira de não se afastar e de não se contorcer? A compaixão não implica empatia? Se você empatiza com um povo que sofreu atrocidades inimagináveis, você não está fadado a ser totalmente consumido e incapacitado pela dor? Se ter empatia pela dor de cabeça de um amigo é lamentar e compartilhar do sentimento, não acontece a mesma coisa em uma dimensão mais ampla?

Para tentarmos entender isso, vou retornar à minha própria experiência. Tanto a bondade amorosa como a compaixão exigem que desenvolvamos primeiramente bondade amorosa e compaixão por nós mesmos. Uma aceitação sincera, calorosa e ampla da nossa própria existência precisa substituir qualquer sentiment o de autodepreciação ou de desprezo por nós mesmos. Devemos nos permitir ansiar pelo nosso próprio bem-estar e felicidade, pela nossa própria libertação do sofrimento, pela nossa própria iluminação. Em nosso caso, qual seria a resposta ideal para a doença ou a perda de um ente querido? Idealmente, enfrentaríamos a situação e transformaríamos a adversidade em uma oportunidade para obter uma felicidade maior. Usaríamos a adversidade para aprofundar a nossa própria sabedoria e compaixão e a transformaríamos em algo com que pudéssemos lidar. Nós a mastigaríamos, engoliríamos e digeriríamos e, como resultado, estaríamos mais próximos da iluminação. Esse é o ideal, como dizem os tibetanos: transformar a adversidade em crescimento espiritual.

Vamos imaginar que alguém bata no meu carro. Isso é uma adversidade. Idealmente, eu gostaria de não sentir dor alguma. Tenho que lidar com a situação, mas qualquer sofrimento mental é inútil. Não vai fazer bem nem a mim e nem ao carro. Como disse Śāntideva: aí está. Isso é o que se chama de adversidade. Você pode fazer algo em relação a isso? Se puder, ótimo. Faça e dispense o fardo desnecessário da tristeza. Você não precisa dela, não tem nenhuma função. Apenas faça o que precisa ser feito. Se não há nada que possa ser feito por enquanto, então por que se dar ao trabalho de ficar triste? É uma tarefa difícil, claro, mas é um ideal que adotei.

Responder sem tristeza não significa responder com indiferença ou apatia. Se, para nós, responder à nossa própria adversidade com sabedoria, compaixão, coragem e força, é um ideal digno de ser abraçado, então, nós mesmos somos o modelo de como podemos responder à adversidade dos outros. Não sucumbir à tristeza, transformar o que precisa ser transformado e aceitar com equanimidade aquilo que ainda não somos capazes de transformar – se, para nós mesmos, esse é um ideal que vale a pena, então o ideal para responder à adversidade de outra pessoa seria o mesmo.

No início, ao testemunharmos os outros em sofrimento, é perfeitamente apropriado compartilharmos de seu sofrimento com empatia. A tristeza que sentimos com os outros e pelos outros pode servir como o combustível a partir do qual surge a chama da compaixão genuína. Se nunca compartilharmos da tristeza e da dor dos outros, sucumbiremos insensivelmente à indiferença; mas, se por outro lado, permanecermos nesse sofrimento, sucumbiremos empaticamente ao inimigo próximo da compaixão, que

Compaixão

não ajuda os outros e só nos enfraquece. Tomar o sofrimento dos outros como se fosse nosso significa responder a ele como se fosse nosso; isso significa que não responderemos com tristeza, mas com sabedoria e compaixão, o que nos dá acesso ao poder para fazermos o que for possível. Talvez o melhor que possamos fazer, nesse momento, seja continuar em meditação para trazer à tona essas qualidades de sabedoria, compaixão e poder para que, quando chegar a hora de agir, possamos ser ainda mais eficazes. Talvez seja a hora de dar uma resposta mais ativa. Mas não há sentido em simplesmente entregarmo-nos à tristeza.

"O que eu posso fazer?" é a questão para a vida humana. É uma pergunta perpétua e, obviamente, não há uma resposta única. Para cada situação que surgir, se aplicarmos qualquer sabedoria e compreensão que tenhamos, com toda a bondade amorosa e habilidade que possamos reunir naquele momento, encontraremos a resposta. A resposta é o melhor que formos capazes de imaginar naquela hora. Mas isso permanece em fluxo porque, se estivermos nos desenvolvendo, a resposta será diferente um ano depois. E, sempre, a situação será diferente.

Nossa cultura parece dizer que, se você não se sentir triste pela angústia de outra pessoa, você é indiferente ou incapaz de sentir emoção. A tristeza é falsamente igualada à compaixão. Se eu estivesse sofrendo de uma doença, e uma amiga se pusesse a chorar, dizendo que sentia muito, isso não me faria bem. Mas, se ao invés disso, ela me oferecesse algum remédio, isso me interessaria muito. A tristeza, por si só, não é útil.

A história do nascimento de Tārā, a partir de uma lágrima, é uma bela expressão poética precisamente desse ponto. Avalokiteśvara foi um grande bodisatva, a corporificação da compaixão desperta e ilimitada, e que trabalhou para aliviar o sofrimento de todos os seres. Vida após vida, ao longo de bilhões de anos, não apenas em nosso planeta, mas em incontáveis mundos, Avalokiteśvara se dedicou, atendendo a cada ser senciente, esforçando-se para ser útil. Depois de muitos anos, ele parou para fazer um balanço e examinar os frutos de seu trabalho. Quando olhou em volta, para a vasta extensão de incontáveis seres sencientes, viu que o sofrimento ainda era infinito. Ele desatou a chorar e, de uma de suas lágrimas, surgiu Tārā, a corporificação da compaixão dinâmica em ação. E ela disse: "Não se desespere, vou ajudá-lo." Quando o espírito de Avalokiteśvara é articulado em palavras, ele se transforma no *mantra* OṂ MAṆI PADME HŪṂ.

Quando penso em como o Dalai Lama lida com a dor gigantesca de seu próprio país, sei que há raras ocasiões em que, como Avalokiteśvara, ele simplesmente cai em prantos. Lembro-me dele falando sobre um grupo de quinze ou vinte refugiados recém-chegados que tinham uma audiência com ele. Eles contavam ao seu amado professor e líder sobre a crueldade e sobre a tortura que haviam sofrido e, enquanto contavam a história, todos começaram a chorar. O Dalai Lama descreveu a cena da seguinte maneira: "Eles começaram a chorar e, então, eu comecei a chorar, e todos choramos juntos". Mas, ao contar a história, ele ria e parecia quase eufórico. O que aconteceu foi um episódio: veio e passou. Mas o que parece ser o seu estado basal é uma leveza vibrante em face da ocupação militar de sua terra natal e da exploração e tortura de seu povo. Essa é a resposta dele. Se, em vez disso, ele tivesse sucumbido à dor nos últimos trinta anos, seria justificável, mas acho que ele seria inútil, e a cultura tibetana poderia não ter sobrevivido no exílio. Seu exemplo me dá confiança de que o pesar não é necessário. Não é útil para nós e nem para os outros. Em vez disso, que possamos perseverar com vigor, leveza e força.

PERGUNTAS E RESPOSTAS:
CATARSE, LÓGICA E COMPAIXÃO

> Pergunta: A liberação da emoção da tristeza no choro faz com que nos sintamos bem depois que tudo acaba; pode ser uma experiência incrivelmente encorajadora. Podemos nos sentir bastante aliviados em um período de tempo bem curto e, de repente, ganharmos uma nova perspectiva. Você

Compaixão

está dizendo que podemos transcender todo esse processo, que a tristeza nunca é necessária?

RESPOSTA: Assim como Śāntideva comenta que a tristeza pode atuar como combustível para a raiva, ela também pode atuar como combustível para a compaixão. Acredito que é profundamente humano, no melhor sentido do termo, compartilhar da tristeza dos outros, mas não vejo sentido em permanecer na tristeza como um estado basal da mente que está ciente do sofrimento no mundo. É crucial estar ciente da extensão e da profundidade do sofrimento do mundo, bem como da ignorância e da maldade que são as suas fontes, todas elas enormes. Isso pode parecer um convite para um estado fundamental de tristeza mas, se quisermos realmente ser úteis e se desejarmos viver vidas virtuosas, desenvolver e manifestar o nosso potencial, acho que o nosso estado basal precisa ser de vigor, de força e de leveza.

Em uma sala cheia de pessoas chorando, o próprio Dalai Lama chora. Quando ele contava essa história, não havia nenhuma implicação de que ele tivesse feito algo errado, ou de que sua prática houvesse falhado nisso. Aquilo simplesmente aconteceu. O florescer daquele episódio espontâneo era também parte da prática. As lágrimas escorreram, purificaram e fim, e o estado fundamental foi restaurado. Isso parece saudável. Se o choro surge em você, não há sentido em tentar suprimi-lo. Nem sempre é necessário permanecer no estado basal. Mas um estado básico de leveza e vigor com episódios ocasionais de choro é um equilíbrio mais saudável do que um estado fundamental de angústia com ocasional leveza.

PERGUNTA: Eu ouvi Sua Santidade o Dalai Lama dizer que acredita que a natureza humana fundamental seja a compaix   ã   o   .
E eu o ouvi dizer também que o início da nossa vida vem de duas pessoas se unindo em amor. Isso me incomoda há muito tempo porque os casamentos ao longo dos séculos foram arranjados, não porque as pessoas se amavam, mas por questões

AS QUATRO INCOMENSURÁVEIS

de poder e de crenças patriarcais de posse. Quando olhamos para trás, tanto quanto somos capazes de olhar para este planeta e para essas civilizações, parece que as pessoas se unindo em amor é a exceção e não a regra. E, se esse é o alicerce, qual é o argumento dele? Da mesma forma, ele diz que temos comunidades porque as pessoas se importam umas com as outras. Mas as comunidades evoluíram mais da necessidade de autoproteção e de sobrevivência, baseadas no egoísmo e não na compaixão. Soa como um silogismo falho, mas acho que ele tem uma intuição que eu não sou capaz de ver.

Resposta: Se olharmos para a condição humana de uma perspectiva mundana, concordo com você que as evidências não nos levam a concluir que a compaixão seja a nossa emoção fundamental. Da mesma forma, se olharmos para a história humana a partir dessa perspectiva, não encontraremos nenhuma razão convincente para fundamentar a metáfora de que nossa existência é como um lótus com uma joia no centro. Há evidências demais em contrário e, ainda assim, em meio a todo esse sofrimento humano e a toda a maldade, a metáfora sobrevive. Os tibetanos sofreram o seu próprio genocídio e ainda usam a mesma metáfora. Acredito que Sua Santidade fez essa observação a partir da pureza de sua própria visão, que é mais ampla e mais nobre do que uma perspectiva mundana. Essa visão pura é conscientemente cultivada na prática do Vajrayana, baseando-se na nossa própria sabedoria intuitiva, na nossa natureza búdica.

Quando ouvimos a premissa de que a compaixão é a emoção humana fundamental, ou que a natureza essencial da mente é pura, o que afirma essa premissa em nós é a própria realidade em que estamos na qual se baseia nossa premissa. Nossa própria compaixão inata afirma a sua própria realidade. É nossa natureza búdica afirmando-se independentemente de evidências. Ela se infiltra, como uma força inexorável atravessando os milênios de evidências contrárias, dizendo: "ainda assim, afirmo porque sei, das profundezas do meu ser". Todas as evidências contrárias consistem meramente em obscurecimentos adventícios de nossa pureza inata.

Até mesmo as distorções mentais do desejo e da hostilidade podem ser vistas como expressões da natureza búdica que deram errado. A fonte é boa, mas quando suas expressões fluem através de nossa mente aflita, elas se deformam e, às vezes, se tornam terrivelmente prejudiciais. Tomemos o exemplo do genocídio no Tibete perpetrado pela China. Se olharmos profundamente, em algum nível, eles estavam tentando fazer algo de bom; só que tinham ideias distorcidas sobre como fazê-lo. Mas eles não estavam tentando fazer algo ruim. Pode ser por isso que Jesus Cristo disse: "Pai, perdoai-os pois eles não sabem o que fazem". As pessoas ficam deludidas. A prática é perdoá-los e a nós mesmos por isso, acessar as qualidades que estão abaixo da delusão, tentando nutri-las e expressá-las.

COMPAIXÃO POR UMA PESSOA EM SOFRIMENTO: MEDITAÇÃO

A meditação do cultivo da compaixão é apresentada em um formato ligeiramente diferente da meditação da bondade amorosa. Enquanto a prática da bondade amorosa começa por nós mesmos e depois se expande para os outros, na prática de compaixão começamos trazendo à mente uma pessoa que conhecemos e que está lidando com alguma adversidade, seja física ou mental. Traga essa pessoa à mente da forma mais nítida possível e imagine toda a situação. Observe essa pessoa, deixando surgir um anseio de que ela possa se livrar do sofrimento e das fontes do sofrimento. Não comece a prática concentrando-se em uma pessoa de quem você não gosta, mas em alguém que você conhece e que está sofrendo. Em seguida, aplique essa meditação a um amigo querido, depois a uma pessoa neutra e, por fim, a uma pessoa hostil.

Ao longo da prática de todas as Quatro Incomensuráveis, o tema permanece sendo o mesmo: "o que vale para mim, vale também para os outros. Assim como desejo me livrar do sofrimento, os outros desejam estar livres do sofrimento". Śāntideva comenta: "eu deveria eliminar o sofrimento dos outros porque é sofrimento exatamente igual ao meu. Eu deveria cuidar dos outros porque eles são seres sencientes, assim como eu sou um ser senciente".[19] Se a situação específica de sofrimento é minha ou dos outros, esse não é o ponto central, pois, na realidade, o sofrimento não é privado, não tem um dono. Śāntideva está desafiando a noção de que seu sofrimento é irrelevante para mim, que não estamos conectados. Ele continua: "Se pensamos que o sofrimento que pertence a alguém deve ser afastado de nós, então por que a mão protege o pé sendo que a dor do pé não pertence à mão?"[20] Se a mão direita coça, a mão esquerda não fica ali parada dizendo: "Problema seu. Coce você!".

Não é apenas a comunidade humana que é relevante nesta discussão; os budistas levam em conta todos os seres sencientes, humanos ou não humanos. Portanto, somos parte de uma comunidade de seres sencientes, como um corpo e seus órgãos, membros e células. A questão não é ignorar o nosso próprio bem-estar, mas ganhar uma perspectiva maior sobre como o nosso bem-estar se encaixa na comunidade como um todo. A preocupação com o nosso próprio bem-estar não diminui necessariamente – ela apenas faz parte de um cenário mais amplo.

Ainda que Buddhaghosa recomende começar essa prática trazendo à mente alguém que você conhece e que está sofrendo, pode ser útil, no entanto, começar por você mesmo. Olhe para si mesmo: Você tem algum sofrimento do qual deseja se libertar? Alguma ansiedade, algum problema, alguma fonte de angústia, física ou mental? Alguma coisa lhe causa medo? Você gostaria de se libertar dessas coisas? Muito provavelmente a sua resposta será: "sim, estou muito interessado em ficar livre de tudo isso." Quando experienciamos esse anseio por nos livrar do sofrimento, reconhecemos do que estamos falando e, dessa forma, trazemos à

---

[19] A Guide to the Bodhisattva Way of Life, VIII: 94.
[20] Ibid., VIII: 99.

Compaixão

mente uma outra pessoa que está sofrendo. Assim como desejo a mim mesmo, que você também possa se libertar do sofrimento.

Para tornar a meditação mais completa, é útil trabalhar com a luz. Esse é um prelúdio para a prática do Vajrayana em que a visualização de luz é muito utilizada. Ao trazer à mente uma pessoa que sofre e despertar o desejo de que ela se liberte do sofrimento, imagine o seu próprio corpo saturado de luz. Ao preencher o seu corpo com a luz de sua própria natureza búdica, traga esse anseio à mente: que você se liberte de todo o sofrimento. Então, imagine que essa luz se expande e envolve a pessoa em sofrimento, e imagine essa pessoa sendo libertada do sofrimento e de suas fontes. Na segunda metade da sessão, envie sua mente compassiva para os quatro cantos do mundo como fizemos anteriormente.

EXPANDINDO A MEDITAÇÃO DA COMPAIXÃO

Além de observar uma pessoa que sofre, outra forma de acesso à prática é observar alguém que está envolvido em ações muito prejudiciais – ações que se dão sob o domínio da maldade, do autocentramento, da ganância, da inveja ou da crueldade. Pode ser que haja uma sobreposição entre a pessoa que você escolheu para esta prática e o inimigo escolhido no estágio final do cultivo da bondade amorosa. Nesse caso, essas duas práticas tornam-se contínuas, e uma começa onde a outra termina.

Traga de forma nítida à mente uma pessoa que, até onde você consegue enxergar, realmente tem agido de forma bastante prejudicial, cuja mente está afligida por qualidades como hostilidade, inveja, rancor ou egoísmo. O que faz essa pessoa parecer tão má? Pode ser o seu comportamento, suas inclinações ou certos traços mentais que parecem dominá-la. Não desvie o olhar dessas qualidades que são tão abomináveis e que podem provocar tristeza, raiva ou ressentimento. Em seguida, traga brevemente a sua consciência de volta para si mesmo e imagine como seria se você fosse afligido pelas mesmas inclinações ou por hábitos de comportamento semelhantes. Você, possivelmente, sentirá seus horizontes se fechando, seu mundo ficando menor, seu coração ficando contorcido. Poderá sentir a dor e a ansiedade que resultam dessas aflições. Anseie por se livrar dessas aflições mentais, por se libertar dessas tendências de comportamento. Preencha o seu corpo outra vez com luz e imagine-se totalmente livre. Mais uma vez, sinta o espaço, a leveza, o bem-estar, a calma suave que resultam de se sentir livre dessas aflições.

Direcione a sua atenção de volta para a mesma pessoa, permitindo que surja o anseio: "assim como eu desejo ser livre dessas aflições e comportamento prejudiciais, que você também possa ser livre". Olhe para a pessoa que está aflita, sem fundir a pessoa às aflições da mente dela, que são temporárias e resultam de padrões de personalidade e de comportamento. Olhe para a pessoa que, como você, simplesmente anseia pela felicidade e deseja estar livre do sofrimento. Deixe os seus próprios desejos se fundirem com os da pessoa: "Que você realmente se liberte do sofrimento. Que você possa encontrar a felicidade valiosa e o bem-estar que você procura. Que todas as fontes de infelicidade e conflito desapareçam. Que você se liberte do sofrimento e de suas fontes".

Como o sol raiando através de uma fresta nas nuvens, como uma flor brotando de um solo escuro, imagine essa pessoa emergindo do sofrimento e das fontes de sofrimento que você considera tão repugnantes. Imagine essa pessoa, da forma mais nítida possível, livre dessas fontes de sofrimento. Agora, expanda o alcance dessa compaixão a todos os seres senscientes em cada um dos quatro cantos, atentando primeiro para a realidade de que cada um deseja essencialmente estar livre do sofrimento. É esse anseio que explica esse comportamento tão diverso, alguns virtuosos e outros terrivelmente prejudiciais. Deixe o seu coração se unir ao seu anseio essencial. "Que você realmente se liberte do sofrimento, assim como eu mesmo desejo me libertar do sofrimento." Deixe o seu corpo ser totalmente preenchido por luz e permita que essa luz se expanda para cada um dos quatro cantos. Imagine seres senscientes em

Compaixão

cada uma dessas regiões emergindo do sofrimento e das fontes do sofrimento.

ASPECTOS INVASIVOS NA PRÁTICA DA COMPAIXÃO

Pode-se discutir esse aspecto invasivo relacionado a essa prática: que direito eu tenho de impor os meus pontos de vista e desejos à vida de outra pessoa? A questão é válida, e a prática deve incluir o respeito pelos desejos da outra pessoa. Mas, ao observar uma pessoa que está sofrendo, podemos nos perguntar se essa pessoa deseja sofrer. Essa pessoa desfruta ou se alimenta de seu sofrimento, seja ele causado por aflições mentais ou físicas? Se a resposta sinceramente for não, então podemos enviar nossos desejos de compaixão e bondade sem reservas: que seu desejo de se livrar do sofrimento e das fontes de sofrimento se realize.

Levo isso muito a sério. Não quero interferir na vida das pessoas, nem como professor e nem psiquicamente, na imaginação. Isso é inapropriado. Mas, se eu me concentrar no desejo dos outros de estarem livres do sofrimento, sinto que não há nenhuma imposição – o meu desejo apoia o deles. Objetivamente, quais são as chances de que a minha meditação traga uma grande mudança na vida de outra pessoa? Não muito grandes. Mas esse não é o principal propósito da prática. O objetivo da prática é superar qualquer tipo de maldade ou crueldade em nossas próprias mentes e transformá-las para que a compaixão ou bondade surja sem impedimentos. Quais são as chances de que essa prática diminua qualquer inclinação para a crueldade e de que nutra as tendências à bondade e à compaixão? Ah, aqui as chances são muito boas.

MEDITAÇÃO SOBRE AVALOKITEŚVARA, A CORPORIFICAÇÃO DA COMPAIXÃO

No budismo, Avalokiteśvara é considerado a personificação da compaixão. Os tibetanos traduzem seu nome como Chenrezig (sPyan ras gzigs), que significa "aquele que observa com um olhar firme". Vários sutras budistas referem-se a Avalokiteśvara como um grande bodisatva no caminho. No Sutra do Coração, por exemplo, o Buda tem um diálogo com Avalokiteśvara, discutem sobre a vacuidade, ou a verdade última. Também com muita frequência, no budismo tibetano, ouve-se falar de vários lamas considerados corporificações de Avalokiteśvara. São pessoas que incorporam e expressam compaixão por meio de suas vidas. Naturalmente, o exemplo mais conhecido é o Dalai Lama; milhões de tibetanos consideram-no como sendo o próprio Avalokiteśvara.

Tradicionalmente, no início de qualquer meditação, estabelecemos a motivação para a prática. Em uma meditação sobre compaixão, a motivação floresce plenamente. Reconheça a grande necessidade dos seres sencientes, o grande grau de delusão, as fontes de sofrimento no mundo e a perpetuação do sofrimento. Reconheça tudo isso com o anseio: "que todos os seres sencientes se libertem desse sofrimento e das fontes desse sofrimento. Que eles sejam irrevogavelmente livres, não apenas temporariamente, de seu sofrimento e de sua dor. Para que eu seja capaz de aliviar o sofrimento de outros seres e possa conduzir cada um ao estado de bem-estar absoluto com eficiência, aspiro atingir a iluminação". Aplique esta motivação, a mais nobre de todas elas, à sua prática. Por mais modesta que seja a nossa prática, a motivação determina a direção e começamos a caminhar na condução desse desfecho.

Para começar a prática, traga Avalokiteśvara para o espaço à sua frente, da forma mais nítida possível. Em sua imaginação, sinta a presença desse ser de luz, radiante de alegria, olhando para você com afeto e calor infinitos, deleitando-se com suas ações virtuosas, irradiando bondade para cada um de nós. Aqui está a corporificação e uma janela para a compaixão que permeia toda a realidade.

À medida que você entoa o mantra OṂ MAṆI PADME HŪṂ, imagine uma cascata de luz jorrando do coração de Avalokiteśvara, "aquele que observa com um olhar firme". Essa

Compaixão

cascata de luz tem a natureza da alegria imutável, da compaixão e da purificação. Imagine que essa luz chega ao topo da sua cabeça, permeia todo o seu corpo e satura cada célula do seu corpo, dissipando instantaneamente qualquer tipo de negatividade, qualquer impureza ou traço de ações prejudiciais anteriores em que você tenha se envolvido. Essa luz dissipa qualquer aflição da mente, qualquer desequilíbrio do corpo, preenchendo-o totalmente. Ao final da recitação, sinta que o seu próprio corpo se tornou um corpo de pura luz branca.

Agora, a seu convite, imagine que Avalokiteśvara diminui de tamanho, até cerca de um centímetro, passa gradualmente para o topo da sua cabeça, olhando na mesma direção que você. Imagine um lótus de oito pétalas brancas e brilhantes em seu coração, no centro de seu peito, e convide Avalokiteśvara a tomar esse assento, no lótus de seu coração. Imagine que ele aceita com alegria, dissolve-se em um raio de luz, desce pelo canal central até o chakra do seu coração, e se assume novamente na forma de Avalokiteśvara sentado na postura de meditação sobre o lótus. Imagine um minúsculo ponto de luz branca radiante no coração de Avalokiteśvara, a luz de sua própria natureza búdica, a fonte de toda a sua sabedoria, compaixão e poder inatos. Como uma supernova expandindo-se a partir de um único ponto, imagine a luz branca irradiando em todas as direções, luz branca da natureza da alegria, da compaixão e da purificação. Essa luz se irradia, preenchendo todo o seu corpo e transborda por todos os poros do seu corpo, acima e abaixo e para todos os lados, alcançando todos os seres sencientes ao seu redor.

Imagine que, assim que essa luz toca os seres sencientes, ela os permeia completamente, removendo todo o sofrimento e as fontes de seu sofrimento, satisfazendo os desejos mais profundos de cada um. Imagine essa luz inundando cada ser ao seu redor e, em seguida, irradiando-se velozmente em todas as direções sobre a terra à sua volta, tocando cada ser senciente, cada ser humano, animal e qualquer outro tipo de ser senciente que possa estar presente. Ela se expande rapidamente em todas as direções do globo, seguindo para além deste mundo, por todo o nosso sistema solar, além da galáxia para todos os infinitos mundos, para o espaço ilimitado. Imagine o universo inteiro impregnado dessa luz. Imagine o universo com a natureza da luz, dissolvendo-se em uma luz cintilante.

Imagine esse universo agora se retraindo, de volta ao seu corpo, e tudo o que resta agora é o seu corpo de luz, com Avalokiteśvara em seu coração. Deixe o seu próprio corpo se dissolver no corpo de Avalokiteśvara. Deixe o corpo de Avalokiteśvara se dissolver na semente de luz em seu coração, permitindo que essa semente de luz se dissolva no espaço vazio permeado por energia infinita. E, agora, a partir desse vazio, imagine seu próprio corpo retomando sua forma como um corpo de luz, mas agora uma luz suavemente brilhante, serena e, ainda assim, invencível, intocável. Dentro desse corpo, observe os movimentos de energia associados à respiração. Nesses últimos instantes da sessão, deixe que a mente se estabeleça de forma simples e silenciosa nas sensações do ritmo da respiração.

Capítulo seis
Alegria empática

ALEGRANDO-SE COM A FELICIDADE DOS OUTROS

Dedicar-se à prática espiritual para cultivar a quiescência meditativa e cultivar qualidades como bondade amorosa e compaixão é certamente uma busca que vale a pena. Ter ideais e objetivos pode dar inspiração, direção e coerência à vida de alguém, mas também pode levar à ambição e à frustração de não progredir o suficiente. Portanto, é bom equilibrar esse esforço com um aspecto da prática que nada tem a ver com metas e conquistas, e uma dessas práticas é o cultivo da alegria empática (*muditā*).

Este é simplesmente o ato de regozijar-se com o bem-estar dos outros. Fazemos isso frequentemente com os entes queridos, com nossos filhos e amigos queridos. Ver um cachorrinho brincando com uma bola, abanando o rabinho para lá e para cá, nos faz sorrir. Isso também é alegria empática. Não é uma técnica budista estranha que temos que aprender como algo totalmente novo. Há uma prática intimamente relacionada a essa, da tradição indo-tibetana, chamada regozijar-se com a virtude e suas consequências. Discutirei essa primeiro, em separado, e depois veremos como elas podem convergir com facilidade para uma única prática.

Na tradição Theravāda, a prática da alegria empática é tão direta que é até difícil considerá-la uma prática. Mas, ainda assim, por que não? Comece trazendo à mente uma pessoa que você conhece e que é muito alegre – uma pessoa que normalmente parece vibrante, vívida e feliz. Pode ser um amigo; pode ser um grande religioso, homem ou mulher. O Dalai Lama é um bom exemplo de alguém que é radiante e alegre quase o tempo todo. Você também pode escolher uma pessoa conhecida ou um colega. Se você não conhece nenhuma pessoa assim, vou ter que lhe apresentar algumas! Traga uma pessoa à mente de forma bem nítida e reflita sobre as qualidades da sua vida, a leveza e o bom humor que essa pessoa traz para o lugar onde está e para as outras pessoas. Então, empaticamente, compartilhe dessa mesma alegria, regozije-se, aprecie essa qualidade.

Inicie a prática dessa maneira, permanecendo em contato com essa alegria de modo bem relaxado. Esta prática não tem estágios a serem alcançados; você apenas desfruta dela! Se desejar avançar na prática, depois de contemplar uma pessoa naturalmente alegre, passe para uma pessoa neutra e, por fim, direcione a sua atenção para uma pessoa hostil. Traga à mente ocasiões em que essa pessoa hostil parecia de fato feliz e, se puder compartilhar com alegria da felicidade dessa pessoa – mesmo que essas ocasiões tenham sido muito raras –, sentirá uma verdadeira transformação na mente. Claro que, mesmo em se tratando de uma pessoa hostil, buscamos uma situação de felicidade que seja virtuosa ou pelo menos neutra. Há pessoas que se deleitam em infligir sofrimento aos outros; esta não é uma alegria com a qual desejamos cultivar empatia.

Por fim, você pode expandir a prática bem amplamente: onde quer que haja felicidade, você se alegra. É uma prática muito simples. Pouco precisa ser dito, mas isso não quer dizer que não seja significativa ou valiosa, em especial na vida cotidiana. Eu, por exemplo, assisto regularmente as notícias para

Alegria empática

ver como anda o mundo. É possível praticar todas as Quatro Incomensuráveis durante o noticiário, dependendo do que é apresentado. Quando vejo alguém realmente lutando pela felicidade, a resposta é bondade amorosa; quando vejo alguém em desespero ou se envolvendo com o mal, a resposta é compaixão. Felizmente, existem alguns programas de notícias que encerram com algo virtuoso, e, nessas ocasiões, faço questão de regozijar-me quando eles focam alguma virtude. Esse é o meu momento de praticar alegria empática. Quer seja lendo jornais ou ouvindo uma história de um amigo, ouvindo as últimas travessuras de nossos políticos e assim por diante, é sempre possível responder de uma dessas quatro maneiras, em vez responder com pessimismo, desprezo, aversão e desespero, as outras "quatro incomensuráveis".

O "inimigo próximo" de qualquer uma das Quatro Incomensuráveis no Budismo é um estado mental que pode surgir por engano quando você está praticando. O inimigo próximo pode ter algumas qualidades em comum com a qualidade que você deseja cultivar mas, na verdade, é bem diferente e levará você para outra direção. O inimigo próximo da alegria empática é a frivolidade. Ela não causa tanto mal, mas não tem a profundidade e não traz o benefício da alegria empática genuína. O "inimigo distante" é a combinação de pessimismo e desespero. Assim como a crueldade é o oposto da compaixão, e a hostilidade é o oposto da bondade amorosa, não há possibilidade dessa mistura de pessimismo e desespero estarem presentes ao mesmo tempo à alegria empática. Eles são mutuamente excludentes. Em *The Path of Purification*, é dito que o inimigo distante da alegria empática é a aversão e o tédio. Acredito que estes são parentes próximos do pessimismo e do desespero.

REGOZIJANDO-SE NA VIRTUDE

A tradição budista tibetana também fala de alegria empática, mas coloca mais ênfase em regozijar-se na virtude, que é a raiz da felicidade. Eles dizem que esse é um antídoto direto para a inveja, já que a inveja é a incapacidade de suportar a felicidade e o sucesso de outra pessoa. Observe que, na prática Theravāda, o primeiro passo é se concentrar em uma pessoa alegre que não seja você mesmo. Na prática budista tibetana de regozijar-se na virtude, é perfeitamente apropriado começar por você mesmo. Essa é uma prática tremendamente rica e muito simples. Não existe a noção de realização, você apenas faz a prática e se beneficia de imediato.

Regozijar-se, em especial em relação às nossas próprias virtudes, implica olhar para trás, para o nosso próprio comportamento, nossas aspirações e anseios e, em seguida, fazer uma pausa e apenas alegrar-se quando notar que são de natureza virtuosa. Talvez você tenha praticado meditação com uma motivação pura e tenha se beneficiado com isso. Em vez de apenas seguir em frente, tome consciência da sua prática passada, reconheça que fez algo bom e delicie-se com isso.

Ao atentar-se às suas aspirações virtuosas, ações e seus resultados, você não pensa: "Sou realmente uma pessoa fantástica; provavelmente sou muito melhor do que a maioria das outras pessoas." Esse é o inimigo próximo de regozijar-se em virtude: autoadulação, arrogância e presunção. O erro se dá através de um processo de reducionismo, em que você esquece todas as causas e condições que foram reunidas para fazer a virtude acontecer. Imagine se, depois de um excelente retiro, em que surgiram muitos insights, você sair pensando: "Eu sou demais! Aposto que ninguém praticou tão bem. Na verdade, eu deveria ser professor." Quando isso acontece, você está ignorando o contexto em que suas experiências surgiram: a ajuda do professor, o apoio dos outros praticantes e tudo o mais. Você reificou a si mesmo e isso é um problema.

O verdadeiro regozijo nas próprias virtudes é profundamente diferente: é sempre contextualizado. Se, por exemplo, você fez um bom retiro ou se precisou sair do seu caminho para prestar um serviço, sua atenção abrange o contexto, incluindo as pessoas que o ajudaram e o inspiraram em sua busca pela excelência.

Alegria empática

Dentro desse contexto, você se deleita com a ação e com o evento. Dessa forma, sua alegria é tão limpa quanto um assobio.

Esse próprio ato de regozijar-se atua como uma inspiração para impulsionar a sua prática. Pode acontecer de você olhar para trás depois de alguns meses ou anos de prática de meditação e notar: isso era terrivelmente difícil, mas agora não é mais. Você pode achar que a prática da bondade amorosa era ineficaz quando você começou, e agora – veja só – a bondade amorosa, de fato, brota da sua prática. Onde notarmos alguma melhora, alguma transformação acontecendo, podemos nos alegrar, reconhecer, prestar atenção, fazer com que esse avanço faça parte da nossa realidade. Isso pode servir de base para algum grau de confiança, ao sentirmos que a nossa própria capacidade também pode ajudar a minar a inveja. E, é claro, esse tipo de alegria também é um antídoto direto contra a autodepreciação.

Mas não pare por aí. Tenha em mente que a habilidade na meditação é apenas um aspecto da prática espiritual. Também vale a pena se alegrar com a sua prática de disciplina ética. Olhando retrospectivamente para a sua vida, se você puder reconhecer o quanto era talentoso no sarcasmo, no insulto e na calúnia, mas que não age mais assim, isso é um grande progresso. É uma grande conquista. Alegre-se!

Da mesma maneira que você reflete sobre a sua própria prática, seja de disciplina ética, *samādhi*, sabedoria ou compaixão, também pode observar a prática dos outros. Quando souber que alguém está indo muito bem, faça uma pausa e alegre-se com isso. Esse é um antídoto direto para a inveja. Essa é uma prática excelente para quem tem um modo ativo de vida. Há inúmeras situações, tanto na mídia quanto em nossa experiência pessoal, que facilmente despertam tristeza ou pesar; por isso, sempre que se deparar com alguma virtude, observe esses pontos brilhantes e convide-os a fazer parte da sua realidade. Dar-nos permissão para nos regozijarmos com a virtude pode ser uma verdadeira fonte de inspiração. Especialmente como uma prática engajada com o mundo; ela é muito, muito útil.

Você pode começar essa prática com a abordagem ensinada na tradição Theravāda, trazendo à mente primeiro uma pessoa alegre; depois, uma pessoa neutra e, em seguida, se possível, uma pessoa hostil. Não faça essa progressão de uma forma muito rápida; não desejamos cultivar a hipocrisia.

Outro caminho é simplesmente fazer uma pausa e olhar para a sua vida. Comece assim e pergunte se existe alguma virtude presente neste momento, qualquer coisa significativa. Se houver, observe e alegre-se. Em seguida, tomando a si mesmo como exemplo, estenda essa prática aos outros: assim como é para mim, que seja para você. Alegre-se com a felicidade dos outros, bem como com qualquer esforço que eles estejam fazendo para semear as causas de sua felicidade no futuro.

Capítulo sete
Equanimidade

EQUANIMIDADE NO BUDISMO THERAVĀDA

Esta última prática é traduzida como equanimidade ou imparcialidade, mas cada um desses termos traz uma nuance diferente do termo original em sânscrito *upekṣā*. Nos primeiros anos de meus estudos com Geshe Rabten em Dharamsala, ele me deu apenas dois temas para contemplar, por vários meses. Um deles era uma meditação discursiva sobre a preciosidade e a raridade de uma vida humana, com todas as suas oportunidades de praticar o Darma. O segundo foi a equanimidade. Não se trata simplesmente de um sentimento de indiferença, desprovido de prazer ou dor. Imparcialidade talvez seja a melhor tradução pois contrasta com a maneira tendenciosa com que geralmente vemos os outros seres sencientes. A bondade amorosa, por exemplo, costuma ser parcial no dia a dia. Nós comumente sentimos bondade amorosa apenas por determinados tipos de pessoa: aquelas que são gentis conosco, agradáveis e cordiais. Quando elas sorriem para nós, nós sorrimos de volta! Somos indiferentes a outras pessoas menos calorosas e hostis àqueles que também nos parecem hostis. Essa categorização de todos os seres sencientes nas classes um, dois, ou três, Geshe Rabten apontou, é uma das principais causas da nossa própria angústia.

O budismo tibetano fala de dois aspectos da prática: a sabedoria e o método. Método, ou meios hábeis, abrange tudo o que não é a sabedoria propriamente: compaixão, generosidade, fé, entusiasmo, serviço e todas as outras boas qualidades. A imparcialidade, ou mesmo a imperturbabilidade, é especialmente indispensável para o aspecto do método da nossa prática espiritual. Estou falando disso brevemente agora porque, de certo modo, temos nos dedicado a esse tema o tempo todo. A prática da bondade amorosa não se limitava a amar um amigo, mas amar a si mesmo, um amigo, uma pessoa neutra e uma pessoa hostil. A compaixão e a alegria empática, da mesma maneira, estenderam-se a você mesmo, a um ente querido, a uma pessoa neutra e a uma pessoa hostil. Buscamos desenvolver essas mesmas qualidades em relação a todos os seres. De fato, a equanimidade é absolutamente indispensável se desejamos abrir o coração por inteiro. A equanimidade dá um polimento às outras três Incomensuráveis – bondade amorosa, compaixão e alegria empática – e as conduz a um estado profundo de equilíbrio.

The Path of Purification apresenta uma discussão técnica sobre a equanimidade como uma realização contemplativa específica que é desenvolvida depois que se alcança a terceira estabilização meditativa na bondade amorosa. Nesse ponto, você traz à mente uma pessoa neutra, em relação a quem você não sente nenhuma atração ou aversão especial. Em seguida, foca uma pessoa que você ama e depois uma pessoa hostil, vendo, em cada caso, se é capaz de fazer brotar o mesmo equilíbrio calmo da mente, sem atração e nem aversão.

Se eu parasse por aqui, a prática poderia parecer um pouco pobre – nivelamos os nossos sentimentos por todos os nossos amigos. Sua mãe entraria pela porta e você diria: "Olá, o que posso fazer pela senhora?" Não seria melhor ter carinho e atra-

Equanimidade

ção pelas pessoas? Parece que estamos dando um passo gigante para trás em nossa humanidade. Mas isso não é verdade e, para enxergarmos o porquê, precisamos ir um pouco mais fundo. Vamos olhar para o inimigo próximo da equanimidade ou imparcialidade. O inimigo próximo é a indiferença fria. Nós, provavelmente, já sentimos isso algumas vezes, e conhecemos pessoas em que esse comportamento é razoavelmente característico. Elas assistem aos noticiários, veem o que está acontecendo no mundo e simplesmente não se importam. Quando veem alguém sofrendo por alguma razão, em um acidente de trânsito por exemplo, pensam: "Não vou nem tocar nessa pessoa; posso ser até processado." Elas se afastam, e isso não as perturba. Ou veem algo maravilhoso acontecer e também não se importam. Essa é a indiferença fria, o inimigo próximo. Pode se parecer superficialmente com a equanimidade, que é uma conquista muito nobre da mente, mas apenas na superfície, só que, fundamentalmente, é muito diferente. O inimigo distante da equanimidade é a atração e a aversão, em que o coração busca se aproximar de alguns e rejeitar outros. Equanimidade, no entanto, é como um oceano completamente calmo: a mente está em total equilíbrio.

A EQUANIMIDADE NO BUDISMO TIBETANO

Na tradição tibetana, a equanimidade não é parte de uma categoria contemplativa esotérica muito avançada, mas é apresentada como o fundamento do Espírito do Despertar, ou da bodicita, que é o coração de toda a prática espiritual Mahāyāna. Este é o tema central e a motivação para o modo de vida do bodisatva, todo um caminho de prática espiritual baseada no altruísmo e no servir ao outro.

Todas as pessoas religiosas concordariam que o altruísmo e a compaixão são extremamente importantes, mas há maneiras diferentes de abordá-los. Uma delas é vê-los como um caminho de purificação. Ao reconhecermos a bondade amorosa e a compaixão como antídotos eficazes contra a hostilidade e a crueldade, nós as adotamos como componentes vitais da nossa prática espiritual, que nos ajudarão a buscar discernimento, purificação e algum grau de liberação. Dedicamo-nos, primeiramente, aos nossos próprios problemas e, como se estivéssemos doentes, tomamos a compaixão e a bondade amorosa como remédio para restaurar o equilíbrio de nossa mente. Uma vez que tenhamos conseguido melhorar a nossa própria saúde, refletimos sobre como poderíamos nos colocar a serviço do outro, e o serviço que podemos oferecer, nesse momento, pode ser excelente.

Considerar o amor e a compaixão como um caminho para a própria purificação tem a sua própria integridade que não deve ser desconsiderada. O caminho do bodisatva, no entanto, tem um sabor diferente. Desde o início, ele trata da realidade de que a nossa existência individual já é contextual e de que, pela nossa própria natureza, estamos conectados aos outros. O nosso próprio bem-estar está relacionado ao bem-estar dos outros. A nossa própria identidade, a nossa própria existência, é interdependente. Desse ponto de vista, assim que abrimos os olhos, vemos uma tremenda quantidade de sofrimento no mundo, ao mesmo tempo em que todos os seres sencientes anseiam pela felicidade. Não temos como evitar o pensamento de como poderíamos ajudar as pessoas da melhor maneira possível. Devo ir para a faculdade de medicina? Devo aprender a ser um excelente cozinheiro? Há muitas boas maneiras de servir de modo eficaz e muitas coisas que precisam ser feitas. Em meio a tudo isso – não como uma alternativa –, há uma maneira de desenvolver a nossa plena capacidade para servir, desenvolvendo o poder da mente. Shamatha é a chave para acessarmos a nossa própria sabedoria e compaixão. Tentar servir sem sabedoria é ineficaz; tentar servir com inteligência, mas, sem compaixão, é perigoso.

Para sermos capazes de ajudar de forma mais eficaz, precisamos nos transformar. Nesse momento, as nossas limitações são graves, e as necessidades dos outros são imensas; precisamos reduzir nossas limitações o máximo possível. Assim, desde o início, cultivamos a bodicita, atentando às necessidades de todos os outros seres sencientes, refletindo sobre como ser útil, como ajudar. Para sermos eficazes ao máximo, podemos acessar nossas fontes internas e levar a nossa sabedoria e o nosso poder à completa realização; mas o altruísmo e a disposição para servir são centrais desde o início, dando sabor à prática.

A bodicita é, de fato, o componente fundamental. Kunu Lama Rinpoche, que deu a Sua Santidade o Dalai Lama a transmissão oral de *A Guide to the Bodisatva Way of Life*, dedicou toda a sua vida ao cultivo da bodicita e, de fato, corporificou esse espírito sublime. Algumas pessoas dedicam suas vidas inteiras a uma única prática, seja shamatha ou alguma prática Vajrayāna, mas esse homem transformou toda a sua prática no cultivo da bodicita. Isso implica em estimar o mundo inteiro mais do que a si mesmo. Significa orientar-se inteiramente para transformar seu próprio ser em uma ferramenta cada vez mais eficaz para servir ao outro. Kunu Lama Rinpoche escreveu um pequeno texto em que homenageia a bodicita de incontáveis maneiras. Se você deseja felicidade para si mesmo, escreva, ou, se deseja felicidade para outras pessoas, cultive a bodicita. Essa é a chave, essa é a joia da coroa de toda prática espiritual. Ele era tão profundamente realizado nessa prática que o Dalai Lama o procurou e recebeu ensinamentos dele. Se o Dalai Lama procurar você para receber ensinamentos sobre compaixão, possivelmente você tem alguma realização.

A motivação da bodicita se expressa de maneira muito simples: que eu possa alcançar a mais elevada iluminação para o benefício de todas as criaturas. Este impulso flui da grande bondade amorosa e da grande compaixão. Há uma diferença entre o que chamamos de bondade amorosa "incomensurável" (maitri-apramāṇa) e compaixão (karuṇā-apramāṇa), que são extraordinárias por si sós, e a "grande" bondade amorosa (mahāmaitri) e a "grande" compaixão (mahākaruṇā). Estes são termos técnicos que têm significados muito específicos, e a distinção não é trivial. A compaixão incomensurável anseia a partir do coração: "que cada ser sciente se liberte do sofrimento e se liberte das causas do sofrimento." Se for verdadeiramente incomensurável, não haverá distinção entre amigos e inimigos. É incomensurável no sentido que não ter limites, sendo que esse desejo sincero alcança todos os seres sencientes.

A grande compaixão vai um passo além. Ela reconhece que todos os seres sencientes têm *natureza búdica*. Não apenas todos querem a felicidade e a liberação do sofrimento, como também poderiam alcançá-las. Por que todos os seres sencientes não poderiam ser livres do sofrimento e das fontes de sofrimento? O coração busca os seres, se expande e os abraça em compaixão incomensurável: "que você possa ser livre!" Mas, a grande compaixão vai além, assumindo a responsabilidade: "eu o libertarei!"

Essa é uma resolução bastante profunda e problemática, mas o ensinamento é exatamente assim. A grande compaixão e a grande bondade amorosa não são apenas um desejo, mas pressupõem responsabilidade. Como isso poderia levar a qualquer coisa diferente de uma frustração cósmica? Quando a bodicita é mal compreendida, pode se transformar em egotismo cósmico. Se eu, Alan Wallace, assumisse a responsabilidade de libertar todos os seres sencientes de todo sofrimento, isso não seria simplesmente uma tolice? Eu nunca conseguiria fazer isso nos poucos anos de vida que me restam. Mas essa resolução é tomada a partir do nível mais profundo da nossa própria natureza búdica, que é eterna. Śāntideva reza: "Enquanto o espaço durar, e enquanto o mundo existir, que eu possa viver para aliviar as misérias do mundo."[21] Essa é a grande compaixão: por que todos os seres sencientes não poderiam estar livres do sofrimento e das fontes de sofrimento? Que eles sejam livres! Eu os libertarei!

Os budas agirão até que todos os seres sencientes estejam livres do sofrimento. Esse é o único trabalho que eles têm a fazer: conduzir todos os seres sencientes ao estado do despertar espiritual. Isso vai acontecer algum dia? O Dalai Lama diz que não sabe, mas diz também que, enquanto isso, continue tentando.

A grande bondade amorosa se expressa de maneira similar à grande compaixão. "Por que todos os seres sencientes não

---

[21] Ibid., X: 55.

Equanimidade

poderiam alcançar a felicidade e as fontes da felicidade? Que eles sejam felizes! Eu os conduzirei à felicidade e às fontes de felicidade!" Para que essas qualidades o levem à bodicita, a compaixão e a bondade amorosa devem surgir de um plano que não exclua nenhum ser senciente. Deve incluir o mais cruel e o mais benevolente dos seres humanos, bem como todos os outros seres sencientes, sem nenhuma exceção. Que Hitler e Pol Pot sejam livres. Claro que devemos desejar que eles sejam livres. O que seria melhor do que os vilões de nossa civilização serem libertados de todas as suas intensas delusões e hostilidade? O que teria sido mais valioso para toda a humanidade do que alguém que tivesse orientado Hitler quando ele era jovem, libertando-o de suas delusões tão graves?

A equanimidade é absolutamente indispensável. A partir desse plano uniforme, surge o apreço pelos outros, por todo o mundo. A partir da equanimidade, pode-se cultivar a grande bondade amorosa e a grande compaixão e, delas, surge a bodicita. Quando a bodicita surge espontaneamente e sem esforço, permeando todo o seu estilo de vida, você é um bodisatva. E diz-se que, quando uma pessoa se torna um bodisatva, os devas se alegram.

Como fazemos isso? Não é tão fácil. Na verdade, isso pode ser muito difícil porque algumas pessoas são gentis enquanto outras são cruéis. É fácil gostar de algumas pessoas e não é muito fácil gostar de outras. Elas não sorriem quando você sorri para elas! Portanto, precisamos aprofundar o nosso olhar. Se continuarmos a julgar as pessoas com base em aparências e comportamentos, não teremos nenhuma chance. Em vez disso, temos que retornar a uma verdade muito simples: todo ser senciente deseja a felicidade e deseja se livrar do sofrimento. Esse é o ponto principal. Fazer essa afirmação profunda e sincera da natureza búdica de cada ser senciente transforma toda a vida.

Somos capazes de reconhecer que todo ser senciente deseja a felicidade? Todos nós, incluindo a mais desprezível de todas as pessoas, fazemos as coisas que fazemos porque estamos buscando a felicidade e porque queremos nos livrar do sofrimento. Nós fazemos as coisas que fazemos, às vezes prejudiciais, às vezes muito positivas, invariavelmente porque queremos encontrar a felicidade. Nessa busca, podemos agir obsessivamente, com grande confusão e delusão: será que somos capazes de desenvolver a equanimidade em relação a nós mesmos? Podemos afirmar que, fundamentalmente, em todas as circunstâncias, nos altos e baixos, cada um de nós está buscando a felicidade? Precisamos alcançar esse nível de compreensão com relação a cada ser, atravessar a superfície e reconhecer uma alma semelhante à nossa lá no fundo: "Você é como eu. Você quer encontrar a felicidade e quer se livrar do sofrimento. Como posso ajudar?"

Naturalmente, é mais fácil amar as pessoas que se dedicam e valorizam o cultivo da bondade amorosa e da compaixão. A primeira audiência que tive com Sua Santidade o Dalai Lama foi estreitamente relacionada a esse tema. Queria perguntar algo importante para que o tempo dele não fosse desperdiçado, assim, pensei em algo que estava me incomodando. Eu era um aluno muito jovem, cerca de vinte e dois anos, e estava morando em Dharamsala há alguns meses. Por mais dedicado aos estudos que eu fosse, claro que não sabia quase nada. Mas, para as pessoas que estavam lá há apenas algumas semanas, eu já era um veterano. Havia pouquíssimos ocidentais por ali, e a maioria dos tibetanos não falava inglês. Então, pessoas recém-chegadas me traziam perguntas e, não raramente, eu conseguia responder. Comecei a ter uma percepção de um "eu" muito especial, mas conseguia vê-lo como uma pequena erva bizarra brotando no meu jardim. Sabia que precisaria cuidar desse jardim por muitos anos, e aquela erva me preocupava. Será que devo usar algum tipo de herbicida, ou deveria desistir do jardim? Evidentemente, não era algo que eu desejava cultivar.

Essa foi a pergunta que fiz a Sua Santidade. Eu disse a ele que não queria desenvolver arrogância. Se essa sensação de superioridade já estava crescendo ainda naquele começo, como seria em dez ou vinte anos? Desenvolver sabedoria e compaixão é algo extraordinário. Afinal, muitas pessoas não estão dedicando suas vidas com alma e coração ao cultivo da sabedoria e da compaixão. Num certo sentido você está se tornando excepcional, notável e incomum. Mas, se você começar a pensar: "Eu sou excepcional, notável e incomum", você acaba se dando um tiro no pé. Esse era o meu dilema. Eu poderia falhar e não desenvolver sabedoria e nem compaixão, ou poderia ter sucesso e falhar de uma maneira diferente.

Sua Santidade deu duas respostas. Em primeiro lugar, ele disse: "Imagine que você está realmente com fome e alguém prepara uma refeição agradável, saudável e completa para você. Depois de estar satisfeito, você se sente arrogante? Sente-se superior ou vaidoso?" Eu disse, não. "Você veio de bem longe para cá, lá dos Estados Unidos", continuou ele, "você veio para cá porque estava buscando o Darma. Veio aqui espiritualmente faminto, à procura de alimento espiritual, e está recebendo uma refeição completa. Mas, à medida que se alimenta, não há razão para se sentir especial ou superior. Sinta-se apenas feliz!"

Sua segunda resposta diz respeito particularmente à questão da imparcialidade, equanimidade e imperturbabilidade. Ele disse: "Sou Tenzin Gyatso e sou um monge. Como monge, tive oportunidades muito especiais e excelentes professores. Aprendi muito sobre o Darma e tive muitas oportunidades de prática, muitas situações conducentes. E, por essas razões, tenho uma responsabilidade incomum. Agora, aqui está esse inseto", apontando para uma mosca na sala. "Imagine que outra mosca estivesse comendo uma pequena gota de mel, e esta mosca chegasse e empurrasse a outra para longe, demonstrando agressão, competitividade e um completo autocentramento. O que você esperaria? (Quantas moscas altruístas você já viu?) Uma mosca tem muito poucas oportunidades. Não teve chance de aprender nenhum outro tipo de comportamento, portanto, aceitamos. Mas, se eu agir como aquela mosca, será muito inapropriado. Porque tive oportunidades infinitamente maiores de cultivar compreensão, sabedoria, prática, distinção entre virtude e não virtude; portanto, é minha obrigação agir de maneira muito diferente daquela mosca!"

Nesse mesmo contexto, alguns anos atrás, Sua Santidade foi questionado por um repórter se ele tinha algum par comparável a ele. Sua resposta foi: "Sim. Todo mundo!"

Isso é equanimidade. Quando observamos pessoas que demonstram grande ressentimento, hostilidade ou egoísmo, podemos fazer uma pausa e reconhecer que eles têm uma natureza búdica como nós. Eles anseiam por felicidade, desejam estar livres do sofrimento, como nós. Causas e condições diferentes se reuniram para fazê-los agir como agem – um ambiente diferente, uma história pessoal diferente. Mas tudo isso está em fluxo. Se eu tivesse vivido sob aquelas mesmas condições, vida após vida, aquele seria eu. O resultado dessa reflexão é uma gentil imparcialidade que se instala na mente.

Na tradição tibetana, a técnica usada para desenvolver a equanimidade não é esotérica e nem demasiadamente técnica, como explica Buddhaghosa. No treinamento budista tibetano, essa imparcialidade é o primeiro passo para o cultivo do Espírito do Despertar (bodicita), da mesma forma que um fazendeiro, que primeiro nivela o campo para que a água não se acumule de um lado e o outro lado fique seco. A prioridade é um campo nivelado, requisito absolutamente fundamental e indispensável da prática. Uma das técnicas sugeridas é simplesmente levar em conta: "Quais são as causas e condições que deram origem a isso?" Voltamos para aquele tema simples: "Cada ser anseia por felicidade e por se libertar do sofrimento, assim como eu".

Há um outro caminho que usa uma abordagem psicológica tradicional. Este implica trazer três pessoas para a mente, assim como fizemos em práticas anteriores: um ente querido, um neutro, um hostil. Primeiro, lembre-se de uma pessoa que você ama, alguém que, aos seus olhos, nunca faz nada de errado. Se a vir fazendo algo errado, você assume que ela deve ter tido um dia ruim. Quando essa pessoa entra pela porta, um grande sorriso brota em seu rosto. Você se sente muito alegre em sua presença: pensar nela lhe traz felicidade. E, dessa forma, você reflete sobre essa pessoa. Naturalmente existe algum apego aqui, que se expressa como a esperança de que essa pessoa não vá embora. Deixe esse apego surgir e, então, faça uma pausa e se questione sobre o que há nela de tão atraente. Por que focar essa pessoa quando há tantas outras pessoas por aí? Virão à sua mente os

Equanimidade

detalhes deste ou daquele comportamento mas, interrompa outra vez, reconhecendo que, talvez, vinte anos atrás, essa pessoa fosse um estranho que você nem conhecia. Daqui a vinte anos, ela poderá ser apenas uma lembrança. Não há nada de especial aqui em que se agarrar. Certas causas e condições se reuniram, todas elas em fluxo e, assim, este episódio temporário está ocorrendo agora. Devo enfatizar que essa prática não se destina a reduzir ou subjugar qualquer elemento de afeto. Apenas o apego é que precisa ser nivelado, a atração especial que faz essa pessoa parecer mais importante do que todas as outras.

Em seguida, passe para uma pessoa neutra. A pessoa por trás da caixa registradora no mercado perto da sua casa é um bom exemplo. Traga essa pessoa à mente e, em seguida, pergunte-se por que ela parece tão neutra. Será porque os desejos dessa pessoa não contam? Esse indivíduo não tem personalidade? Ela não é tão real quanto os seus entes queridos? Sentimos que temos muito pouca relação com essa pessoa. Ela não fez nada que despertasse o seu afeto, nem nada para fazer você se sentir hostil. Mas, daqui a dois anos, ela pode se tornar um dos seus melhores amigos, ou um inimigo declarado, se as causas e condições se reunirem. E, assim, você reconhece que são apenas causas e condições que colocam alguém, temporariamente, nessa categoria neutra.

Por fim, o terceiro caso é uma das poucas situações na prática budista em que você se concentra em uma pessoa hostil e permite que sua raiva seja despertada. Você não se expressa verbalmente nem tampouco age fisicamente, e nem se envolve com essa pessoa de nenhuma forma; é puramente uma experiência imaginada. Traga a pessoa à mente, com vivacidade, admitindo sua repugnância por ela. Enumere todos os motivos da sua aversão e deixe-a surgir em silêncio. E, então, pergunte a si mesmo, qual é a base para isso? Nesta ocasião, sob estas circunstâncias, estas causas e condições se reuniram. Vinte anos atrás, essa pessoa não era um inimigo; era apenas outra pessoa. Daqui a vinte anos, essa pessoa pode ser apenas uma lembrança para você. Por que sua mente deveria se contorcer em sofrimento? São apenas causas e condições que se reuniram e irão se reconfigurar em seu próprio tempo.

Veja se sua mente pode ser acalmada e retorne, não a um ponto de indiferença fria, mas ao reconhecimento dessa verdade fundamental de toda nossa existência: cada pessoa, amiga, neutra ou hostil, deseja apenas ser feliz e livre de sofrimento, assim como nós mesmos. Somos iguais e cada um de nós merece ser feliz. Se a bondade amorosa e a compaixão puderem surgir sobre essa base, surgirão como a água que se espalha em um campo plano igualmente em todas as direções.

Observe que a hostilidade que você sente surge, primeiramente, em resposta a uma ação específica, a um padrão de comportamento. Mas essa hostilidade se expande, e você funde as ações com a pessoa. "Essa pessoa é tão insensível, tão rude!" dizemos até acreditarmos: ela é uma pessoa péssima. Ainda que ela fosse atirada em um tanque de isolamento, ainda assim seria uma pessoa péssima.

O comportamento é temporário; surge na dependência de causas e condições. Se acreditarmos que uma pessoa, na verdade, é essencialmente má, com base em nossa observação de seu comportamento, teremos igualado a pessoa a suas aflições. Causas e condições podem alterar as qualidades das pessoas, mas nós as congelamos no tempo. Nós as aprisionamos e as igualamos a determinadas características negativas. E, assim, a nossa hostilidade parece justificada. É como se a pessoa, sem esse comportamento, não existisse mais. Igualar uma pessoa a um comportamento é irrealista e muito prejudicial para nós mesmos. O objetivo da prática é nunca igualar qualquer pessoa a nenhuma forma de comportamento.

Vamos olhar algo mais provocativo: quando alguém não está fazendo nada errado, mas ainda achamos que é repugnante. Agora, equacionamos uma pessoa não apenas com o seu comportamento, mas com o seu caráter. Você pode muito bem não gostar de alguém que é terrivelmente brutal e agressivo, considerando a sua atitude plenamente justificada. Traga essa pessoa à mente agora. Ela é terrível porque prejudica outras pessoas. Mas

Equanimidade

o que faz com que ela prejudique os outros? São as suas aflições de hostilidade e delusão. Agora podemos nos perguntar: se essa pessoa empunha um bastão e sai por aí batendo nos outros, você fica com raiva do bastão? Claro que não; o bastão não tinha escolha nesse caso. Śantideva, então, responde: "Desconsiderando a causa principal, tal como o bastão e coisas do gênero, se eu ficar com raiva daquele que a impele, é melhor então dizer que eu odeio o ódio, porque essa pessoa também é impelida pelo ódio".

A questão crucial é separar a pessoa não apenas do comportamento, mas também das inclinações e dos estados mentais. Reconheça: eis uma pessoa aflita. Assim, você pode se perguntar quem é essa pessoa e aplicar sabedoria na análise. As pessoas mudam? Você era o mesmo quando tinha cinco anos ou dez, quinze, vinte? Você muda e, ainda assim, é significativo dizer que era você. Você compartilha um histórico pessoal com essa criança de cinco anos de idade.

Reconhecendo que uma pessoa cresce e muda, nós desejamos que ela continue mudando e que, ao final, se livre dessas aflições, se liberte dos comportamentos que essas aflições causam. Essa é uma resposta apropriada e significativa. Se quiser penetrar mais na chamada "análise absoluta", você pode se perguntar: quem é essa pessoa? Se a pessoa não é a hostilidade, não é o bastão, então quem ela é? Ao investigar, você não encontra ninguém que resiste a esse tipo de análise. Não há essência ou substância real ali. Isso é poderoso de várias maneiras, mas especialmente como uma resposta ao forte sentimento de hostilidade em relação a outra pessoa. Na hostilidade, tendemos a reificar as pessoas, igualando-as às suas qualidades negativas ou comportamentos e, assim, temporariamente, nossas próprias mentes se tornam deludidas. Nossos horizontes tornam-se muito limitados quando não conseguimos imaginar que uma pessoa possa ser libertada dessas características. Nós fundimos a pessoa com as características, criando um personagem de desenho animado irreal. Se estivéssemos livres da delusão, a hostilidade e a agressão não teriam chance de surgir porque elas surgem a partir da delusão.

PERGUNTAS E RESPOSTAS: DISTINGUINDO APEGO DE CARINHO

PERGUNTA: Quando você se volta a uma pessoa hostil e tenta desmantelar esse sentimento, essa meditação provavelmente conduzirá à bondade amorosa e à compaixão. Por outro lado, quando você tenta não se apegar demais a pessoas de quem gosta, como fazer isso sem introduzir alguma negatividade desnecessária?

RESPOSTA: Essa é uma questão interessante. Há uma distinção sutil e crucial entre apego e bondade amorosa ou carinho. No processo de cultivo da bodicita, cultivamos o que se chama de "bondade amorosa afetuosa". Quando você sente bondade amorosa afetuosa por alguém e quando essa pessoa está em sua presença, o seu coração se abre, você fica encantado, como uma mãe que encontra seu único filho depois de um longo período de separação. Essa é a qualidade da bondade amorosa que um bodisatva traz para todos os seres sencientes.

Experienciar esse afeto de outra pessoa pode transformar a sua vida e, desenvolver essa qualidade, é um aspecto crucial do crescimento espiritual. A bondade amorosa afetuosa é permeada pela consciência de que cada ser sensível, é como você mesmo, alguém que deseja ser amado e ser feliz. Com essa empatia, com esse sentimento de proximidade, você reconhece cada ser senciente como sujeito, não simplesmente como um objeto. O apego não lida com sujeitos mas, sim, com objetos muito atraentes. É muito bom olhar para uma pessoa e vê-la sorrir de volta. Isso é agradável. É como olhar para um lindo pássaro ou uma flor, é algo que nos faz sentir bem. Mas isso não deve ser confundido com bondade amorosa.

O apego se interessa por objetos. É muito bom ter pessoas nos elogiando. Esse elogio é um objeto. É muito bom que as pessoas sorriam para nós. É muito bom sentir esses estímulos agradáveis e, quando os sentimos, surge facilmente a noção de possessividade. Como muitas canções de amor modernas dizem: "Eu te amo tanto, nunca me abandone!" Elas não dizem: "Mas, se para você for melhor ir para a faculdade, é melhor ir." O que elas realmente dizem: "Não me abandone, meu amor, porque para mim você é muito linda. Olhando para você, tenho sensações agradáveis." Isso não tem muito a ver com bondade amorosa – tem tudo a ver com apego.

Há uma diferença importante, mas que nem sempre é facilmente discernível. Em geral, os nossos sentimentos pelos outros são misturados, em especial quando se trata de amigos e entes queridos. Mas precisamos fazer essa distinção, e isso requer a habilidade de um cirurgião. Você não quer interferir no carinho, mas faria bem se livrar do apego.

Suponha que uma pessoa por quem você tenha grande afeição fique magoada com você por alguma coisa terrível que tenha acontecido em sua vida ou, talvez, simplesmente se distancie. Você costumava achar que ela era maravilhosa, mas agora não tem tanta certeza. Essa decepção provém do apego. O propósito dessa prática é remover esse elemento de apego, como um cirurgião habilidoso, mas mantendo e até intensificando o afeto. Mas eles estão muito próximos, e é difícil não jogar o bebê fora junto com a água do banho. Os monges, às vezes, fazem isso. Uma meditação clássica para superar a luxúria é focar na impureza do corpo. Isso significa que, se você é um homem heterossexual, você medita sobre o corpo feminino como um conjunto de ossos, tecidos, pele, sangue, fígado, baço, urina, fezes... eca! A ideia é fazer com que pareça algo repugnante, como se o corpo de uma mulher parecesse algo que poderia estar pendurado em um açougue!

Equanimidade não é fácil. O objetivo da equanimidade é eliminar o apego por um lado e a repulsa por outro, preparando uma base uniforme sobre a qual o afeto genuíno e altruísta possa crescer.

Capítulo oito

O empoderamento do insight

É possível que a mente fique sem poder. É como se a realidade fosse apenas algo dado, e tudo o que podemos fazer é tentar lidar com ela. Os eventos parecem simplesmente se apresentar para uma mente impotente. Ela pode reconhecer um evento como uma atrocidade ou como algo maravilhoso, mas tudo o que pode fazer é gostar ou detestar. Não há nenhum sentido de participação.

O materialismo científico encoraja essa sensação de falta de poder. A mente é considerada um epifenômeno do cérebro e nada mais; não tem uma potência própria. Aonde quer que o cérebro conduza, a mente segue. Alguns estímulos físicos externos entram, sendo a mente apenas uma receptora. Essa compreensão da mente é bastante difundida na nossa sociedade, em especial na mídia. Quer saber por que você sofre? Está no seu DNA, está no seu cérebro, está no seu metabolismo, é algo físico, nos dizem. Até nossas memórias, esperanças e medos estão alojados na massa cinzenta do nosso cérebro. Uma mente sem poder apenas segue o fluxo de estímulos, mas não tem nenhum papel ativo próprio.

Essa visão onipresente é, de forma implícita, uma total incapacitação da mente e de toda a noção de um universo participativo. O budismo nunca aceitou isso, assim como muitas outras tradições contemplativas. Portanto, tenho muita confiança de que é possível virar a mesa: começar a empoderar a mente com sabedoria e reconhecer que as formas pelas quais observamos a realidade mudarão a realidade que experienciamos. Como William James afirmou, aquilo a que prestamos atenção se torna a nossa realidade. E nós, certamente, temos uma escolha a respeito de onde posicionar a nossa atenção quando a mente começa a se fortalecer.

A mente sem poder não tem escolha sobre o que observar. É compulsiva. Certa vez testemunhei um caso trágico quando fui convidado por David Spiegel, um psiquiatra de Stanford, para observar uma sessão de grupo de mulheres que tinham câncer de mama. Todas elas provavelmente iriam morrer de câncer de mama, mas uma das mulheres expressou isso com muita intensidade. Ela havia encontrado recentemente um artigo da revista *Time* que apresentava algumas estatísticas aparentemente muito difíceis: se você tem câncer de mama metastático, as suas chances de sobrevivência são mínimas. Aquela mulher estava nesse estágio de câncer e, quando leu aquilo, seu mundo desmoronou diante de seus olhos. Ela pensava que poderia ter uma chance, até ler o artigo. E sentiu-se devastada, completamente sem poder. Disse que preferia nunca ter lido o artigo; aquele texto a fez sentir como se suas esperanças tivessem se perdido irremediavelmente. "Minha mente está me torturando com essas estatísticas", ela chorava. "Eu gostaria de ter um pouco de paz, gostaria de poder controlar a minha mente. Gostaria de saber meditar." Ao testemunhar esse apelo tão sincero, desejei que ela tivesse começado a meditar mais cedo.

Treinar a atenção é definitivamente uma maneira de começar a empoderar a mente. Há um enorme poder em ser capaz de controlar a atenção. E, dessa forma, à medida que ganhamos poder sobre a nossa atenção, compreendemos, pela nossa experiência e não apenas como uma crença, que temos poder sobre a realidade que presenciamos. E a nossa realidade começa a mudar. Como declarou Śāntideva, ao subjugarmos a nossa própria mente, todos os perigos e medos são subjugados. Isso é algo que definitivamente está ao nosso alcance, não apenas para os grandes contemplativos no Tibete. Na verdade, empoderar a mente é um termo quase equivocado. Não se trata de fazer algo especial com a mente para torná-la grande e poderosa. É, simplesmente, remover impedimentos de modo que o poder intrínseco da mente possa brotar. Isso é tudo o que shamatha faz.

Há, é claro, estágios mais avançados de fortalecimento da mente no *samādhi*. Quando esses impedimentos são removidos em um *samādhi* muito profundo, não apenas aquilo a que prestamos atenção passa a ser a nossa realidade, mas gerações de contemplativos budistas relatam que a mente tem o potencial de alterar a realidade física pelo poder de sua atenção. Isso faz com que as mesas sejam viradas radicalmente.

Uma maneira maravilhosa de manifestação desse poder é a cura. Há uma miríade de outras possibilidades discutidas em *The Path of Purification*[22]. Isso não é fácil de se atingir, mas nada poderia me convencer de que tais potenciais da mente não existem. Já está na hora de a nossa civilização reconhecer o profundo papel da participação e da atenção na realidade que vivenciamos.

Quando o poder da mente estabilizada é combinado à sabedoria que vem da compreensão da natureza conceitualmente designada da realidade, o resultado é extraordinário. Geshe Rabten, um dos meus principais professores, contou-me sobre um dos retiros que fez há muitos anos. Ele estava meditando sobre a vacuidade e adquiriu certa compreensão da ausência de existência inerente dos fenômenos. Em outras palavras, se os fenômenos existissem inerentemente, seriam absolutamente objetivos e não teriam relação com a mente. Mas os ensinamentos budistas sobre a vacuidade nos libertam dessa compulsão, reconhecendo

---

[22] Ibid., VI: 41.

que não há realidades intrínsecas neste mundo, nem substâncias autônomas. Essa percepção, expressa de maneira diferente, aponta para a natureza participativa da realidade. Geshe Rabten estava tendo acesso a uma visão de que não há nada que seja independente de qualquer tipo de designação conceitual, nada que seja desprovido de participação. Uma vez que se começa a ter essa compreensão, isso sugere uma maleabilidade extraordinária, talvez até ilimitada, da natureza da realidade. De forma implicita, a mente se torna consideravelmente empoderada. Esse é o poder do insight, diferente do poder do *samādhi*.

Outro acesso ao empoderamento da mente é a fé, sendo fortemente enfatizado no judaísmo, cristianismo e islamismo. A fé abre as portas, assim como o samādhi e o insight o fazem. É hora de começarmos a abrir todas elas porque a nossa sociedade sucumbiu, em grande parte, ao desempoderamento da mente.

Candrakīrti, um sábio budista indiano que viveu talvez no século VII, foi um grande mestre dos ensinamentos sobre a vacuidade, um dos maiores de toda a história budista. Conta-se que certa vez, quando dava ensinamentos sobre a vacuidade e o papel da designação conceitual, havia um aluno que tinha algumas reservas sobre o assunto. Então, Candrakīrti pegou um pedaço de carvão e desenhou uma imagem de uma vaca na parede de sua cabana. E, então, ele a ordenhou!

É possível que a realidade física possa ser manipulada de tal forma que alguém seja capaz de realmente causar danos à mente ao direcionar hostilidade a outra pessoa? A tradição budista diz que sim e, através do poder da prece, pode-se também ajudar os outros, mesmo a grande distância, como afirmado no cristianismo, no qual congregações inteiras direcionam suas orações a outros seres em grande sofrimento. Essa prática é encorajada nas religiões ocidentais, e elas não são realizadas apenas para melhorar as mentes das pessoas. A intenção é que a oração seja eficaz. E penso que pode ser.

Enfatizo o aspecto positivo de ajudar os outros com a mente porque é algo que realmente vale a pena praticar. Quando um grupo de pessoas pratica em conjunto – mesmo que nenhuma delas tenha um samādhi muito bom –, o efeito é como se muitas pessoas direcionassem muitas lanternas acesas a um único ponto, de muitos ângulos diferentes. Aquele ponto fica aquecido. Essa é uma maneira de fazer isso. Outra maneira é pedir a uma pessoa que tenha um samādhi muito profundo para orar; seria como dirigir um laser. Os tibetanos costumam fazer isso, e essa também era uma prática tradicional no judaísmo e no cristianismo.

Se uma pessoa faz uma luz brilhar, pode ser muito difícil observar algum efeito. Mas não conte com isso. Você pode realmente se surpreender com o que pode acontecer. Não que você deva aceitar como dogma o poder desses trabalhos de oração. Dogmas são entediantes. Mas seria muito interessante experimentar para ver o que acontece.

Você provavelmente pode supor que o inverso também é verdadeiro: o pensamento maldoso de uma pessoa poderia causar algum dano, bem como todo um grupo de pessoas ativamente direcionando sua hotilidade a um indivíduo ou a uma comunidade. Espero que não façam nenhuma pesquisa sobre isso. Esperemos que a pesquisa seja feita com o lado positivo; que o negativo seja evitado tal como se evita uma peste.

O próprio Buda falou desse poder negativo. Ele disse que se uma pessoa que alcançou a primeira estabilização meditativa direcionar um pensamento de hostilidade, com a atenção muito focada para outra pessoa, pode ser letal. A primeira estabilização é um estado muito profundo de samādhi, que está um passo adiante de shamatha. É por isso que quando estamos cultivando shamatha, também devemos fazer muitas outras práticas, como as Quatro Incomensuráveis.

Logicamente, não seria possível sustentar shamatha enquanto se nutrir a hostilidade. O poder da mente logo começaria a se dissolver. Dizem que Devadatta, um parente do Buda que foi seu discípulo, alcançou a estabilização meditativa antes de desenvolver uma forte inveja do Buda. Quando desenvolveu essa hostilidade, perdeu seu samādhi. Não se consegue sustentar a hostilidade na prática pura de shamatha, por isso este é um caminho tão bom. Parece haver formas de magia negra, que remontam bem antes do budismo, em que é possível sustentar a hostilidade enquanto se fortalece a mente. Mas, até onde eu sei, não seria possível fazer isso por meio do cultivo de shamatha. Conheço muito pouco essas técnicas, e elas realmente não me interessam. De modo geral, em culturas tradicionais como as encontradas na Índia, no Nepal, na Malásia, na Indonésia e nas Filipinas, onde há bolsões de culturas antigas intactas, é possível encontrar pessoas que ainda praticam esses métodos. Ouvi falar dessas pessoas quando morava na Índia e as evitei.

Se você alguma vez se sentir ameaçado por alguma força malévola, que pode acontecer em meditação profunda, traga à mente o ser espiritual mais glorioso que você conhece, alguém que corporifique radiantemente a virtude, a compaixão, a bondade amorosa e a sabedoria. Chame esse ser e diga: "Agora confio em você!" Aí está o refúgio.

Um outro problema pode surgir, em especial quando você se aprofunda na prática de shamatha. Como quando envia uma sonda para um pântano, quando você passar pelas diferentes camadas de sua mente, poderá acessar uma camada de puro pavor, onde tudo aquilo que representa uma fonte de perigo em sua vida emergirá com uma malevolência que parece absolutamente inevitável. Sentirá que está prestes a ser esmagado e que, se uma coisa não o destruir, outra o destruirá. É fácil rir disso agora mas, quando a situação surge, não é nada engraçado. É psiquicamente escuro e pesado. O conselho do contemplativo Gen Lamrimpa sobre isso é muito claro: não se identifique com esse medo; não acredite nele. Essa é a hora de demonstrar coragem e força. Quando você se sentir como se estivesse em uma cidade sitiada, sob o aríete do desespero e da falta de esperança, preencha o seu corpo com luz. Aponte o dedo para a escuridão e diga: "você não tem base na realidade." Isso requer coragem.

Quando começamos o retiro de um ano, Gen Lamrimpa disse aos meditantes: durante este ano, pode ser que vocês recebam visitas de demônios, especialmente se estiverem avançando bem na prática. Há muitos relatos tradicionais disso; faz parte do jogo. Você aprende a lidar com eles, a não sucumbir. O próprio envolvimento com eles faz parte da prática. De certo modo, você precisa deles. E os tibetanos levam isso muito a sério. Quando um iogue inicia um retiro, a primeira coisa que ele faz é um ritual de oferenda a todos os seres que vivem naquela área.

A noção de demônios e entidades como essas não é algo que faça parte da nossa visão de mundo ocidental contemporânea, mas pavor, ansiedade, medo e desespero sim. E, quando eles aparecem, você precisa responder da mesma maneira como se um demônio de cara feia estivesse vindo em sua direção. A resposta é a mesma porque é o que são. Os demônios sabem como aparecer para nós, e, assim, os levamos a sério. A prática de bondade amorosa também é uma das maiores proteções.

Às vezes, podemos ter um vizinho irascível: você pode não ser bem recebido por uma dessas entidades, portanto, precisa lidar com isso. Foi o que aconteceu com Lobsang Tenzin, um dos mais maravilhosos contemplativos que conheci. Sua biografia espiritual é extraordinária. Ele se juntou aos militares indianos porque queria matar os chineses, mas, quando abandonou esse objetivo, não havia mais nada a fazer além de alcançar a iluminação. Ele estava totalmente empenhado nesse objetivo, dedicando-se exclusivamente a isso pelo resto de sua vida. Com os cem dólares que economizou de seu pagamento como militar, comprou um pouco de grãos e lentilhas e subiu para meditar em uma caverna úmida acima de Dharamsala. Cem dólares não duram muito, mesmo na Índia. Quando acabou, os outros iogues começaram a cuidar dele. Eles eram todos pobres, mas ele era o mais pobre. E a notícia de que ele era muito sincero e que estava indo muito bem se espalhou. Ele permaneceu lá em cima por doze anos, gradualmente se mudando e indo cada vez mais na direção das montanhas. Por fim, ele vivia em uma caverna, a cinco horas de caminhada acima de Dharamsala. Ele vinha uma vez por ano para ouvir ensinamentos de Sua Santidade e comprar outro saco de grãos e lentilhas. Lobsang Tenzin tinha muita experiência com demônios e sabia bem como lidar com eles.

Uma maneira de lidar com eles é com ferocidade iluminada. Como Geshe Ngawang Dargye disse certa vez: "se você acha que divindades iradas parecem assustadoras em uma thangka tibetana, você precisa vê-las pessoalmente!" A ferocidade é o último recurso, sendo diferente de simplesmente ficar com raiva ou querer fazer mal. A ferocidade iluminada surge da bem-aventurança e é uma expressão de compaixão, não uma expressão contorcida de desespero, raiva ou frustração com o mundo. Pelo contrário, é uma mente completamente sem distorções. Reconhecendo ser isso o que é necessário no momento, ela se expressa de uma forma muito poderosa. É muito mais poderosa que a raiva deformada.

DO INSIGHT À EXPERIÊNCIA DIRETA DO ABSOLUTO

O que significa autoexistência? Quais são os critérios para determinar o que é e o que não é autoexistente e como isso é útil na prática? Os fenômenos podem ser autoexistentes ou podem existir como eventos relacionados de forma dependente. Vamos ver como essas duas afirmações se inter-relacionam. O termo "evento dependentemente relacionado" tem um significado muito específico na filosofia Madhyamaka, ou do "Caminho do Meio". Se um fenômeno é um evento dependentemente relacionado – seja um ser humano, uma galáxia, um estado mental, ou qualquer outra coisa –, há três maneiras pelas quais se pode dizer que existem como tais.

Primeiro, algo é um evento dependentemente relacionado no sentido de que surge na dependência de causas e condições prévias. Por exemplo, Alan Wallace é uma sequência de eventos relacionados de forma dependente porque, se meus pais não existissem, eu não estaria aqui. Eles estavam aqui primeiro, e eu sou um produto da união deles. É esse o significado: A precede B, e, se A não existisse, B não poderia existir. Se algo é autoexistente, então não precisaria de nenhuma causa ou condição precedente. É simplesmente assim que o termo "autoexistente" é entendido nesse contexto.

O segundo aspecto de ser um evento relacionado de forma dependente diz respeito à relação entre as partes e o todo, ou entre as qualidades de um fenômeno e aquilo que porta essas qualidades. Qualquer fenômeno que possa ser postulado como existente tem componentes. Se é um fenômeno físico com uma localização definida no espaço, por exemplo, tem um lado anterior e um lado posterior. Tem dimensões espaciais e outras características. Mesmo algo que não tenha de fato dimensões espaciais, como o sentimento de bondade amorosa, pode ser descrito em termos de seus atributos. Qualquer fenômeno que possamos identificar tem componentes ou qualidades. Se não, como poderíamos identificá-lo? Por favor, me diga quantos schmorffles existem na sua frente agora. Não tem ideia? Talvez haja trilhões deles rastejando para todo lado, mas você não sabe; porque primeiro eu tenho que dizer como é um schmorffle. Depois de identificar seus atributos, você pode começar a procurar e dizer: "Tem um aqui!"

Nós identificamos os fenômenos por meio de seus atributos ou componentes, sendo perfeitamente legítimo dizer que eles *têm* esses componentes. Um átomo tem um núcleo; tem um certo número de elétrons; tem uma carga. Essa é uma maneira apropriada e válida de falar. Um átomo é um evento relacionado de forma dependente porque está relacionado e depende de seus próprios componentes. Se você tirar seus elétrons, seu núcleo, sua carga e todos os outros atributos, não sobra nada. Da mesma forma, sou dependente da minha mente e do meu corpo. Se você destruir esse corpo, há um *continuum* de consciência que segue, mas não é mais o Alan Wallace. O Alan Wallace morreu, restando um *continuum* que compartilha algumas histórias com a história do Alan Wallace. Então, essa é uma segunda faceta da originação dependente. Se algo é autoexistente, então é suficiente por si só, sem depender de quaisquer componentes ou atributos. Simplesmente é, por si só.

O terceiro aspecto da originação dependente diz respeito ao papel da designação conceitual. No processo de identificação de algo, uma designação conceitual e/ou verbal ocorre. Nós designamos algo como um átomo, ou como um sentimento de bondade amorosa, ou como qualquer outra coisa. Nada está acontecendo ontologicamente nesse processo: a identificação que faço de Christina não a traz à existência na realidade. Mas, experiencialmente, fenomenologicamente, identificando-a como Christina, eu a extraio daquilo que a circunda. Visualmente, por exemplo, eu a isolo dos padrões de cor do fundo, e agora Christina está visível, separada do chão, separada de suas roupas, reconhecível como uma pessoa que conheço há alguns anos.

A identificação da existência de qualquer fenômeno precisa envolver uma designação conceitual. Ao dizer que algo existe, nós o extraímos daquilo que não é. Os fenômenos, em si, não são autodefinidores; eles não exigem que nós os designemos de uma e apenas uma única maneira. Se o fizessem, eles seriam autodefinidores, e o papel da mente como designador conceitual seria, nesse caso, totalmente passivo. De fato, o papel da consciência, da nossa inteligência, da nossa memória, do nosso reconhecimento é, por natureza, participativo. Eu poderia identificar qualquer fenômeno de várias maneiras diferentes; escolhendo uma maneira, eu efetivamente desenhei limites em torno de um determinado conjunto de atributos. Se algo fosse autoexistente, desenharia seus próprios limites; e, se você fosse astuto o suficiente, reconheceria onde eles estão. Essa seria uma descoberta puramente objetiva. Mas, se algo é um evento dependentemente relacionado, logo os limites são maleáveis, e é o processo de designação conceitual que imputa essas fronteiras, definindo um fenômeno como apresentando certos componentes e atributos.

Vamos considerar um determinado fenômeno, por exemplo, Elise. Vamos observar a Elise, em oposição a outras coisas que estão perto da Elise, ou coisas que a Elise tem. Por exemplo, ela tem um carro. O carro não é a Elise. Ela tem uma blusa, mas a blusa não é a Elise. Ela tem cabelo, mas isso não é a Elise. Ela tem cabeça, mas não é a Elise. Mas a Elise está lá. Podemos dizer que demarcamos a Elise com essa designação conceitual; nós trouxemos a Elise como um fenômeno para o campo da nossa experiência. Mas o que existe além dessa designação conceitual da Elise? Há um corpo, mas o corpo não é o mesmo que a Elise. O corpo é outra designação conceitual. Também tem partes. O que resta quando removemos essa grade de designação conceitual, um "corpo"? O corpo também tem seus próprios componentes. Remova essa grade conceitual. Células. Remova essa grade. Átomos. Remova essa grade. Elétrons. Remova essa grade...

Havia uma suposição predominante até a virada deste século de que se você removesse todas as grades, ficaria com pequenos pedaços de matéria. Esses seriam auto-definidores: os blocos básicos de construção do universo que existem de maneira puramente objetiva. Todo o resto pode ser convencional, apenas configurações desses blocos básicos de construção mas, na verdade, existe algo concretamente real ali fora. Mas, neste século, a física chegou à grande revelação de que, quando você procura esses pequenos blocos de construção, eles não existem independentemente do sistema de medição pelo qual são detectados. Em vez disso, o que é visto depende do tipo de construção conceitual que você traz para a investigação; se você mudar o seu modo de investigação, verá algo bem diferente. Além disso, as construções conceituais – por exemplo, luz como onda versus luz como partícula – não são nem mesmo compatíveis. Uma coisa independente não pode ser ao mesmo tempo onda e partícula pois as propriedades desses dois tipos de fenômenos são radicalmente diferentes. Em vez disso, no contexto de um sistema de medição, algo pode surgir como uma onda e, em outro contexto, pode exibir características de uma partícula. Mas, quando tentamos identificar isso "independentemente" de qualquer sistema de medição, acabamos de mãos vazias.

Se algo fosse autoexistente, resistiria à mais penetrante análise. Por ser autodefinidor, você seria compelido a defini-lo exatamente como ele mesmo se define. No entanto, eventos dependentemente relacionados não existem dessa maneira. Para que possamos postular: "tal coisa existe", a própria afirmação é dependente da designação conceitual. Por isso já sugere uma natureza participativa.

Em um nível mais profundo e mais fundamental, podemos desafiar a própria noção de existência versus não-existência que, à primeira vista, parece fugir do senso comum. Por exemplo, pouco tempo atrás, o planeta Plutão foi descoberto. O senso comum insiste em dizer que ele sempre esteve lá; nós só não sabíamos disso. Por fim, conseguimos os instrumentos certos e descobrimos o que já estava lá, por si só, na periferia do sistema solar. Existe realmente um forte sentimento de que estava lá, autoexistente, e nós apenas o descobrimos.

Mas, o que queremos dizer com "existe"? Até mesmo a própria noção de existir não é autodefinidora. Duas pessoas nos últimos dias compartilharam comigo experiências extraordinárias que tiveram e prefaciaram seus relatos dizendo: "Talvez tenha sido uma projeção minha; talvez não fosse real". O que queremos dizer quando afirmamos que algo existe e que outra coisa é apenas uma projeção? Os eventos que essas pessoas descreveram aconteceram. Elas não estavam mentindo para mim ou criando algo do nada; elas estavam narrando experiências extraordinárias, da forma mais precisa possível. Os eventos ocorreram, mas os fenômenos que elas observaram existem?

A noção de existência é mais uma designação conceitual. Não é autodefinidora. Sempre que podemos apontar para um fenômeno e dizer: "Aquilo existe", já trazemos nossa estrutura conceitual para o jogo porque as pessoas, de fato, têm noções diferentes do que significa "existir". Quando dizemos: "existe", o significado depende do tipo de estrutura conceitual em que é afirmado. Não é algo simplesmente apresentado a nós pela realidade. Assim, "existe" é uma declaração relacional, não uma declaração absoluta. Seja o que for, existe apenas como um evento dependentemente relacionado.

Essa é a verdade por trás de tudo que podemos trazer à mente – incluindo a mente, Deus, Buda, Darmakaya, o cosmos, tempo, espaço, energia? Não há nada que seja autoexistente? Há algo que exista por si só, autonomamente, apenas esperando para ser passivamente descoberto por um observador? A resposta do Madhyamaka é não. Isso significa que tudo em todo o universo é apenas relacional, simplesmente uma questão de convenção? Não há o absoluto? Não há nada que transcenda a linguagem? Não há nada que transcenda os conceitos? Se respondermos sim, estamos usando a linguagem para reivindicar a existência de algo que transcende a linguagem, o que significa que não transcendeu coisa alguma.

Há um ponto em que o pensamento e a linguagem devem ficar em silêncio. Esta não é uma negação do efável; é, simplesmente, uma recusa de jogar o jogo de tentar fixar o inefável com a linguagem.

Isso se torna experiencialmente muito interessante, sendo mais facilmente acessível se você puder estabilizar essa mente tagarela com a prática de shamatha. Se conseguir desenvolver algum grau de quiescência meditativa, começará a sondar a natureza da identidade, a natureza dos fenômenos externos ou, até mesmo, a própria natureza da consciência. Conforme você investiga, veja se é possível liberar até mesmo os conceitos de "existente" e "não-existente". Libere até mesmo aquelas construções mais conceituais. Veja se consegue mergulhar na experiência pura, deixando todas as estruturas conceituais para trás.

Estamos brincando com a linguagem aqui porque estamos falando de uma experiência que nos deixou para trás, mas podemos perguntar: existe alguma experiência que deixa para trás todos os quadros conceituais, todas as ideias, todos os conceitos, todas as linguagens, todas as demarcações, isso e aquilo? Existe algo que possa ser chamado de experiência não mediada, direta? A resposta budista é sim, sem dúvida. Mas o que isso significa? Como seria essa experiência direta?

Vamos considerar os relatos em primeira pessoa de tal experiência. Todos os relatos serão, necessariamente, inadequados. A experiência que transcende a linguagem e as estruturas conceituais não pode ser adequadamente descrita pela linguagem que transcende. Mas, é possível dizer alguma coisa que seja significativa? Sim; essa experiência acontece. Essa é uma afirmação legítima. Você pode descrever o que acontece? Não, mas você pode dizer o que não acontece: o senso de uma dualidade entre sujeito e objeto. A distinção entre o "eu", o meditante, observando um objeto separado é dissolvida. Você pode dizer que a experiência envolve bem-aventurança, algo que nunca foi experimentado antes por você. Mas "bem-aventurança" é o mais longe que se pode ir com a linguagem antes de recorrer à metáfora: "É como o espaço vazio. É como a luz radiante. Ela é não nascida. É espontânea". Todas essas afirmações são apenas metáforas, mas é o melhor que se pode fazer.

Como se pode saber se é possível, através da prática, transcender o sentido de dualidade, transcender a linguagem, transcender a experiência mediada por conceitos? A única maneira de saber é fazendo, sendo esse o desafio. O Buda afirmou que é possível. Você não está preso à sua própria história pessoal, à sua própria estrutura conceitual e cultural. Você tem a sua própria história pessoal, mas isso não é tudo. Existe também um elemento transcendente ao seu ser que pode ser acessado experiencialmente e vai além de todos os conceitos. A experiência é muitas vezes descrita como consciência pura, mas não é a consciência como parte de uma dualidade, como mente e matéria. Não se encaixa na estratégia cartesiana. Se você acessar essa experiência mergulhando na natureza da consciência, então, ao sair dela, poderá descrevê-la como uma consciência não-nascida, espontânea, não-dual, não-construída, não-fabricada. Além disso, quando as pessoas saem dessa experiência, elas falam do mundo inteiro, com toda a sua miríade de diversidade, surgindo dessa consciência primordial. Essa não-dualidade é a base do ser.

Essa abordagem, indo diretamente para a natureza da própria mente, é o caminho da sabedoria. No budismo Vajrayāna, há também um caminho da energia, no qual se percebe a energia primordial sutil do ser. Ao percebê-la, você enxerga a não-dualidade entre essa energia e a consciência primordial. Por fim, você alcança a realização de que energia e mente, em última análise, são não-duais, e todo o universo, com toda a sua miríade de diversidade, sua complexidade, todas as suas muitas partes de galáxias e assim por diante, surge dessa "energia/mente" muito sutil. De um ponto de vista, manifesta-se como consciência, de outro ponto de vista, surge como energia mas, na verdade, são não-duais.

Quando se alcança a profundidade do insight necessária para uma experiência direta do absoluto, o impacto sobre o próprio ser e sobre a mente é radical. Não é simplesmente um evento passageiro que se transforma em memória. É algo radical e irreversivelmente transformador.

Apenas com esse insight, que invariavelmente é sustentado por um alto grau de estabilidade e vivacidade mental, ao retornar à realidade fenomenológica do "isto e aquilo", a mente continua a ter um enorme poder de transformação sobre o mundo físico porque conhece, por experiência própria, a maleabilidade essencial do mundo físico. É possível transformar a realidade física a partir do poder dessa realização. Há maneiras mais fáceis de transformar a realidade física, sem o poder pleno desse insight. Isso pode ser feito com shamatha apenas, o que não implica necessariamente essa profundidade de insight.

Shamatha é uma modificação de um fenômeno natural: da consciência. Como luz ou energia, a consciência é um ingrediente básico da realidade. Em shamatha, você purifica, aperfeiçoa, direciona e fortalece a consciência, assim como a luz é direcionada e poderosa em um laser. A atenção, a mente dirigida, pode ser usada para remodelar e alterar a realidade física. Isso não requer necessariamente grande realização. Os tibetanos acreditam que também é possível alterar a realidade física chamando um aliado entre os seres sencientes não humanos.

Se você perguntar se a experiência da consciência primordial existe, a resposta é sim. Mas, se tentar objetificá-la à medida que a experiencia, não poderá dizer que existe ou que não existe. Não se pode dizer as duas coisas e nem nenhuma delas. Ela simplesmente transcende essas questões. A questão não se aplica porque a experiência transcende tudo o que se possa dizer sobre ela.

Quando falamos sobre a consciência primordial, ela parece ser algo que um dia descobriremos, algo que um dia poderá se manifestar e entrar no domínio da nossa experiência. Na primeira Conferência do Mind and Life, em 1987, perguntaram ao Dalai Lama se a nossa consciência primordial já está presente e operando. Ela já se manifesta em meio à experiência do dia a dia, tomando café da manhã, indo para a cidade, ou isso é algo que talvez leve meses ou anos a fio para se manifestar? Essa é uma pergunta muito interessante.

Antes de responder, vale a pena observar que, embora a consciência primordial possa ser enunciada, se diz que ela é auto-originada, absolutamente espontânea, sem esforço, não criada, não fabricada, natural, não construída e a fonte de toda a virtude. Essa é a fonte da compaixão, do insight e do poder. A consciência primordial está manifesta e operando neste momento?

A resposta do Dalai Lama foi: sim, é. Fazer essa descoberta é determinar algo que sempre esteve presente, algo profundamente familiar – essencialmente mais familiar do que qualquer outra coisa poderia jamais ser. É como voltar para casa. Assim, reconhecer a consciência primordial virá como algo absolutamente novo e profundamente familiar.

Quando atingimos shamatha, diz-se que "conquistamos a atenção". Agora dispomos dela pela primeira vez. Uma vez que tenhamos conquistado a atenção, ela pode ser utilizada para explorarmos a natureza da realidade. E isso é feito com discernimento, com senso crítico. Agora que temos esse excelente instrumento da atenção, podemos uni-la à inteligência para investigar a natureza da realidade, a natureza de sua própria identidade, a natureza da própria consciência, qualquer coisa que desejarmos. Investigando continuamente, acabamos transcendendo a própria atenção. Nos aprofundamos tanto que a atenção fica para trás. Transcendemos o conhecimento, mas não desfalacemos; nós não nos tornamos uma não-entidade. Transcendemos a objetificação porque, em geral, quando usamos o termo "conhecimento", nos referimos sempre a conhecimento de alguma coisa. Aqui não há mais conhecimento, não existe mais isso ou aquilo. Há algo que não é mediado, sem fronteiras, em que não podemos dizer que nós conhecemos qualquer coisa.

Essa realização é uma possibilidade na prática do Madhyamaka. Os ensinamentos do Madhyamaka enfatizam os fenômenos objetificados e penetram a vacuidade da natureza essencial. Mas, à medida que avançamos nesse treinamento, ao final, transcendemos a atenção. Podemos também seguir o caminho do Dzogchen, a Grande Perfeição. Os ensinamentos Dzogchen não enfatizam tão fortemente os fenômenos objetificados submetendo-os à análise ontológica, mas enfatizam a liberação da mente subjetiva em uma consciência não modificada, que é outra maneira de transcender a atenção e a consciência mundana e dualista, liberando-as na consciência primordial.

É realmente muito importante para nós sabermos que há pessoas nos dias de hoje que alcançaram essa realização, e digo isso com um grau enorme de confiança. Existem mestres maravilhosos ainda vivos. E, se temos essa aspiração, não precisamos ter nenhum medo de chegar a um impasse pelo fato de os professores não serem bons o suficiente. O céu é o limite. Há professores disponíveis que podem nos conduzir ao despertar espiritual.

PERGUNTAS E RESPOSTAS: A URGÊNCIA E A RARIDADE DO DESPERTAR ESPIRITUAL

PERGUNTA: Dada a imensa urgência das muitas crises enfrentadas pela nossa comunidade global, existe alguma maneira de acelerar o processo de amadurecimento espiritual?

RESPOSTA: A maneira mais rápida é reunir o máximo possível de circunstâncias propícias. Se você tem diligência, mas não tem apoio material, pode ser difícil. Se você dispõe de bastante apoio, mas não se compromete o suficiente com a prática, o avanço será lento. Se você dispõe de um ambiente favorável e muita seriedade, mas não tem um bom professor, levará mais tempo. Os professores servem para isso: acelerar as coisas. Se reunirmos todas as circunstâncias ótimas para o amadurecimento espiritual, externas e internas, poderemos realmente avançar com muita rapidez e eficácia. É mais difícil quando você tem menos condições favoráveis e mais obstáculos.

Não há um único conjunto ideal de circunstâncias para todos, mas podemos nos colocar nas circunstâncias mais favoráveis possíveis. Tenha em mente que também estamos engajados no mundo e em atividades significativas. Minha esperança é que não estejamos apenas matando tempo ou tentando sobreviver. Um componente importante é ter certeza de que o que estamos fazendo no mundo também faça parte da nossa prática espiritual, e não apenas algo que precisamos fazer além da prática.

Assim, a prática, por si só, precisa ser implementada. Isso inclui a purificação de coisas como hostilidade, desejo sensual, dispersão mental e assim por diante. Inclui atender aos seis pré-requisitos e lidar com as cinco barreiras para shamatha, a purificação do autocentramento e todos os inimigos distantes das Quatro Incomensuráveis: hostilidade, crueldade, repulsa e atração, pessimismo e desespero.

Uma vez que tenhamos alcançado algum grau de estabilidade e vivacidade, senão a realização de shamatha, é hora de cultivar compaixão e bondade amorosa, é hora de cultivar o insight. Se nos abrimos à fé, estaremos abertos ao infinito – uma vez que tenhamos atingido algum grau de shamatha, bodicita e vipaśyanā, ou insight, o maior atalho é o Vajrayāna. Vários professores tradicionais afirmaram que o Vajrayāna não é para todos. O caminho do bodisatva, baseado em práticas como o cultivo do insight e da bondade amorosa, tradicionalmente leva três incontáveis éons, desde o momento em que você se torna um bodisatva até se tornar um buda. Não é a eternidade, mas é um período muito, muito longo, e finito. E tudo bem. Qual é a pressa? Se você desenvolver o insight e a bondade de um bodisatva, terá uma vida significativa após a outra, prestando serviço e desenvolvendo as suas próprias virtudes. Essa é uma prática espiritual imensamente rica. Por que não saboreá-la? Se isso parece satisfatório para você, esqueça o Vajrayāna. Você não precisa disso. Esse é um belo estilo de vida, vida após vida, e, se são necessários três incontáveis éons, bem, por que não seis? Porque só melhora, como uma flor se abrindo ao longo de uma eternidade.

No entanto, é possível que você não consiga suportar a extensão e a profundidade do sofrimento neste mundo. Você pode ser atingido por uma sensação de urgência insuportável, um sentimento de que não basta ser um bodisatva, de que realmente precisa se tornar um buda o mais rápido possível. A motivação pode não ter nada a ver com as suas próprias circunstâncias pessoais, como se você pudesse dizer: "se fosse só por mim, poderia levar três incontáveis éons, sem problema algum. Mas, o bem-estar dos seres sencientes, a situação e o meio em que vivo tornaram-se tão absolutamente urgentes que três incontáveis éons é tempo demais!" Se essa é a motivação, prossiga para o Vajrayāna, e esses três infinitos éons poderão se condensar em uma só vida, ou em uma questão de anos. E existem professores, hoje em dia, capazes de ensinar o Vajrayāna. O Dalai Lama é um deles, e há vários outros.

Muitas pessoas entram na prática do Vajrayāna sem essa motivação. Elas simplesmente pensam: "Ah, um atalho. Vou por aqui. Por que tomar o caminho mais longo quando se pode pegar um atalho?" Ou podem achar o Vajrayāna interessante, ou gostam de um lama que ensina o Vajrayāna. Existem muitos tipos de motivação. Mas, se a motivação não estiver correta, o estado de buda não será alcançado – assim dizem os professores com quem estudei. O insight e a qualidade da motivação são essenciais. Caso contrário, você está no programa errado. O Vajrayāna é para pessoas que são tão insuportavelmente movidas pela compaixão que precisam se desenvolver na direção do estado de buda e dispor do poder, da sabedoria e da compaixão que a iluminação traz consigo. E, claro, precisará de algum grau de samādhi; caso contrário, você simplesmente não conseguirá.

Essa é a descrição tradicional do Vajrayāna dada por eminentes professores bastante tradicionais. Outras pessoas podem dizer que o Vajrayāna é para todos e elas os convidarão sem demora. Talvez estejam certas, mas não foi isso que ouvi, e tudo o que posso fazer é relatar o que ouvi dos melhores professores que conheci.

Pergunta: É um enigma para mim porque, apesar de nossa própria essência, a joia no lótus que está dentro de cada pessoa, a compaixão dentro de cada pessoa, a iluminação tem um histórico ruim. As estatísticas não são muito boas. É possível nomear o punhado de seres iluminados ao longo de toda a história registrada. Talvez haja mais, e eles não recebam tanta cobertura quanto as más notícias. Mas por que são tão raros quando é o que todas as religiões buscam à sua própria maneira?

RESPOSTA: Pode ser útil concentrar-se nos vários graus de realização ao longo do caminho, em vez de no número de pessoas que alcançaram a iluminação. É verdade que uma proporção muito pequena de todas as pessoas alcançou a iluminação, mas há muito espaço entre um ponto e outro. Estou confiante de que um número significativo de pessoas, muito mais do que podemos suspeitar, atingiu uma realização profunda, podendo não ser imediatamente necessário que elas proclamem seus insights. Pode ser apropriado, em uma determinada vida, ainda manter a discrição, ter influência direta apenas sobre algumas pessoas.

A maioria das pessoas no mundo, incluindo muitos budistas, não está conscientemente interessada na iluminação. Talvez isso aconteça mais tarde, dizem elas. A noção de que uma vida humana possa ser radicalmente transformada nesta vida e que os potenciais da compaixão, do discernimento e do poder da mente possam ser plenamente desenvolvidos não é tão comum. Quando as religiões se tornam institucionalizadas, o que acontece quase invariavelmente, as instituições parecem se sentir ameaçadas por essa possibilidade. Jesus fez algumas alegações extraordinárias sobre o potencial da vida humana. Ele nos desafiou, por exemplo: "Sede vós, pois, perfeitos, como é perfeito o vosso Pai que está nos céus."[23] Mas, a maioria dos cristãos chegou à confortável conclusão de que isso é impossível. Nós nos identificamos e tomamos refúgio nas nossas próprias limitações, ocultando, assim, nossos potenciais mais profundos.

Muito do histórico ruim da iluminação tem a ver com o meio em que vivemos. A visão de mundo, que é aceita, sugere que as nossas capacidades são extremamente limitadas, sendo que a maior parte das pesquisas científicas parecem confirmar isso. A mente humana é apenas uma refulgência do cérebro, afirmam os cientistas. A teologia cristã nos diz que somos intrinsecamente falhos. Além disso, a mudança é possível somente através da graça, como se nada pudéssemos fazer a respeito.

---

[23] Mateus 5:48.

Não acredito que tenha sido isso o que Cristo disse; muito pelo contrário. Uma visão benevolente da teologia cristã reconheceria que a entrega ao poder de Deus poderia abrir a possibilidade para essa transformação radical. Uma visão menos benevolente seria um total desempoderamento dos seres humanos. A ciência materialista tem sido igualmente incapacitante. Estamos sendo desautorizados pelas duas principais fontes de autoridade que temos em toda a nossa civilização.

É claro que há pessoas excepcionais que nos inspiram e encorajam a acreditar que realmente temos uma profunda capacidade de transformação e de crescimento espiritual. Mas elas são raras no mundo de hoje. Você encontrará budistas que dizem que não se pode realmente mudar muita coisa agora: "só é possível ser um estudioso. É um tempo de trevas, e o mal no mundo é forte demais para que se possa fazer muito a respeito." Essa questão foi trazida à atenção do Dalai Lama por um conhecido meu. Vinte anos atrás, em uma audiência privada, ele fez essa mesma queixa, e o Dalai Lama disse que isso é um absurdo. Vivemos em uma era degenerada? Sim, isso é verdade. É um momento sombrio. Há muito mal e aflição no mundo, e parece estar em aceleração. Esse é um fato observável. No entanto, se alguém se dedicar às práticas de maneira adequada, essa pessoa tem a mesma chance de se transformar quanto teria em uma era mais benevolente. Quando se trata de cada pessoa, a oportunidade está presente.

Qual o peso do papel que o ambiente à sua volta desempenha? Nós não somos apenas animais sociais. Podemos até mesmo escolher viver em isolamento. Mas somos seres conscientes envolvidos com outros seres neste universo. Nós somos influenciados por ideias de outras pessoas, seus julgamentos, suas normas, seus valores, seus estilos de vida, suas expectativas. Se nos associarmos estreitamente com pessoas comprometidas com a ideia de que há muito pouco espaço para o crescimento espiritual, será difícil não sermos influenciados por isso. O Buda declarou que a prática espiritual consiste inteiramente em escolher os companheiros. Essa é uma das nossas grandes liberdades – que possamos valorizá-la e tirar o máximo proveito.

eureciclo
.com.br

O selo eureciclo faz a compensação ambiental das embalagens usadas pela Editora Lúcida Letra.

Que muitos seres sejam beneficiados.

Para mais informações sobre lançamentos da Lúcida Letra, cadastre-se em www.lucidaletra.com.br

Este livro foi impresso em agosto de 2021, na gráfica da Editora Vozes, em papel Avena 80g, utilizando as fontes Servus Slab , Seravek e Sabon.